W0191699

Dä kölsche Knigge

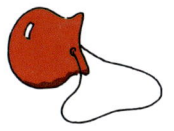

E.G. LÜTTGAU VERLAG

Copyright 2012 by E.G. Lüttgau Verlag
Auf Erschberg 51 · 53945 Blankenheim
info@eg-luettgau-verlag.de · www.eg-luettgau-verlag.de

Herausgeber: Ernst Lüttgau
Assistenz: Ingrid Wanninger
Autoren: Markus Becker, Ernst Lüttgau
Illustrationen: Diana Billaudelle
Kolorationen: Matz Lüttgau
Layout: Billaudelle - Agentur für Medien, Design und Illustration
www.billaudelle.de

ISBN 978-3-929721-14-0

Wat jeht – un wat nit jeht!

Dä kölsche Knigge

Herausgegeben von Ernst Lüttgau

Inhalt

Inhalt

1. Anzoch em Anzoch!

Hä es widder do: Dä jode, ahle Anzoch. Wat mer do drät, es jedem selvs üvverlosse, denn – wie neulich ze lese wor – de Modedesigner han bejreffe, dat de Käls nit irjendwelche Modetrends, sondern dem Beispill ihrer Vörbilder folje. Als ob dat jet Neues wör! Jeder vun uns, dä de Veezich hinger sich hät, erinnert sich noch an de „Miami Vice Collection" us dem Versandhuus ...

Dat jeht ...

Ävver ejal. Wichtig es, dat erlaubt es, wat jefällt. So bruch mer zom Beispill hückzedaachs nit mieh unbedingt Schlips un Krare zom Anzoch – och ene Rollkragepulli jeht völlig en Odenung. Usser, wemmer en Plaat hät! Un och de Färv vum Anzoch es jedem selvs üvverlosse. Wobei mer met enem schwatze Anzoch immer am beste berode es, dä pass vum Begräbnis üvver et Jeschäftsmeeting bes hin zom Ovendempfang wirklich üvverall. Wä et – wie Elton us dem Fernsehen, dä immer ene rute Anzoch drät – jet opfällijer maache will, sollt sich ävver op all Fäll winnichstens ene jode Anzoch en ener jedeckte Färv zoläje.

1. Anzug im Anzug!

Er ist wieder da: Der gute, alte Anzug. Was man trägt, bleibt jedem selbst überlassen, denn – wie neulich zu lesen war – haben die Modedesigner begriffen, dass Männer nicht irgendwelchen Modetrends, sondern dem Beispiel ihrer Vorbilder folgen. Aber das ist ja nichts Neues. Jeder von uns, der die Vierzig hinter sich hat, erinnert sich noch an die „Miami Vice Collection" aus dem Versandhaus ...

Das geht . . .

Aber egal. Wichtig ist, dass erlaubt ist, was gefällt. So braucht man zum Beispiel heutzutage nicht mehr unbedingt Krawatte und Hemd zum Anzug – auch ein Rollkragenpulli ist völlig in Ordnung. Außer, man hat eine Glatze! Und auch die Farbe des Anzugs bleibt jedem selbst überlassen. Wobei man mit einem schwarzen Anzug immer am besten beraten ist, der passt vom Begräbnis über ein Geschäftsmeeting bis hin zum Abendempfang wirklich überall. Wer es – wie Elton aus dem Fernsehen, der immer einen roten Anzug trägt – etwas auffälliger machen will, sollte sich aber auf alle Fälle wenigstens einen guten Anzug in einer gedeckten Farbe zulegen.

. . . un dat jeht op keine Fall

Doch och wenn dat hück alles vill lockerer es wie fröher, et jitt trotzdem e paar Saache, de mer nit maache sollt. Wat janit jeht sin Helpe. Och nit, wemmer de Sibbenzich allt e paar Johr hinger sich hät. Un janz peinlich: Dat Etikett, dat dä Designer normalerwies op dem Ärmel vun dä Jack anjebraat hät, nit afmaache. Su noh dem Motto „nur wo Boss drop steit, es och Boss dren". Dat mät mer nit, dat Etikett muss op jeden Fall af-jetrennt weede. Un wo mer jrad dobei sin: Mer liet och nit de Täsche zojenieht, et sei denn, mer es ene Jeizhals ...

. . . und das geht auf gar keinen Fall

Auch wenn heute alles viel lockerer ist wie früher, gibt es trotzdem ein paar Sachen, die man nicht machen sollte. Was gar nicht geht sind Hosenträger. Auch nicht, wenn man die Siebzig schon überschritten hat. Und ganz peinlich: Das Etikett, das der Designer normalerweise auf dem Jackenärmel angebracht hat, nicht abzumachen. So nach dem Motto: „Nur wo Boss drauf steht, ist auch Boss drin". Das macht man nicht, das Etikett muss auf jeden Fall abgetrennt werden. Und wo wir gerade dabei sind: Man lässt auch nicht die Jackentaschen zugenäht, es sei denn, man ist ein Geizhals ...

2. Bes do op ener Kinddauf enjelade ...

Et jitt kaum jet, wo mer esu vill verkeet maache kann wie beim Fiere met dä puckelije Verwandtschaff. Un off sin Kleinigkeiten dä Anlass für johrelange Knies. Deswäje jetz ens jet üvver Familijefiere.

Janz wichtig: De Enladung

De Versuchung es jroß, dä Ühm, dä mer noch nie ligge kunnt udder de Kusin, de en ahl Jefspretz es, enfach nit enzolade. Ävver dann kann et üch passeere, dat ühr plötzlich allein do steit, denn Blot es bekanntlich decker wie Wasser! Wenn irjendswer – woröm och immer – usjejrenz weed, dann mät dat op dä Reß vun dä Familich ene komische Endruck, dozo kütt, dat et bestemmp och Lück jitt, de ühre Ühm jot ligge künne un nit kumme, wenn hä nit enelade es (zom Beispill ühr Tant). Deswäje: Augen zo un durch! Denn wä en Feß met dä Familich plant, sollt och all enlade.

2. Ist man auf einer Kindtaufe eingeladen ...

Es gibt kaum etwas, wo man so viel falsch machen kann wie beim Feiern mit der unliebsamen Verwandtschaft. Und oft sind Kleinigkeiten der Anlass für jahrelange Streitereien. Deswegen hier einige Regeln über Familienfeiern.

Ganz wichtig: Die Einladung

Die Versuchung ist groß, den Onkel, den man noch nie leiden konnte oder die Cousine, die eine alte Giftspritze ist, einfach nicht einzuladen. Aber dann kann einem passieren, dass man plötzlich allein da steht, denn Blut ist ja bekanntlich dicker als Wasser! Wenn irgendwer – warum auch immer – ausgegrenzt wird, dann macht das auf den Rest der Verwandtschaft einen komischen Eindruck, dazu kommt, dass es bestimmt auch Leute gibt, die ihren Onkel mögen und nicht kommen, wenn er nicht eingeladen ist (zum Beispiel ihre Tante). Deswegen: Augen zu und durch! Denn wenn man ein Familienfest plant, sollte man auch alle einladen.

De Huhzick

Fröher wor et jo esu, dat mer ehts noh dä Huhzick en en jemeinsame Wonnung jetrocke es un doher jov et tradizionell alles, wat mer em Haushalt esu bruch, als Huhzicksjeschenk vun dä Familich. Hückzedaachs es dat anders, do läve junge Paare off allt Johre zesamme, ih se hierode. Deswäje es et besser ze frore, wat jung Lück tatsächlich bruche, bevür se hingerher met drei Toaster udder sibbeundreßich Eierbechere do stonn – e Jeschenk soll jo kein „Verlejenheitslösung" sin, sondern Freud bränge.

Bei dä Huhzick selvs drät nur de Braut (un manchmol och de Brautjuffer) e wieß Kleid, denn se steit jo em Meddelpunkt. Wä als Huhzicksjaß trotzdem e wieß Kleid drät, versök dä Braut „de Show ze kläue", un dat jilt als Unverschämpheit. Un leev Mannslück: Et es durchaus kein Tradizion, dat jeder de Braut noh Hätzensloß bütze darf –

Die Hochzeit

Früher war es üblich, dass man erst nach der Hochzeit in eine gemeinsame Wohnung zog und daher gab es traditionell alles, was man für einen Haushalt brauchte, als Hochzeitsgeschenk von der Familie. Heutzutage ist das anders, da leben junge Paare oft schon jahrelang zusammen, bevor sie heiraten. Deswegen ist es besser zu fragen, was junge Leute brauchen, bevor sie hinterher mit drei Toastern und siebenunddreißig Eierbechern da stehen – ein Geschenk soll ja keine „Verlegenheitslösung" sein, sondern Freude bringen.

Bei der Hochzeit selbst trägt nur die Braut (und manchmal auch die Brautjungfer) ein weißes Kleid, denn sie steht ja im Mittelpunkt. Wer als Hochzeitsgast trotzdem ein weißes Kleid trägt, versucht nur der Braut die „Show zu stehlen", und das gilt als Unverschämtheit. Und liebe Männer: Es ist durchaus keine Tradition, dass jeder die Braut nach Herzenslust küssen darf – man sollte zumindest vorher fragen und wenn sie „ja" sagt,

15

mer sollt zomindest vörher frore un wenn se „jo" sät, et bei enem Bützje op de Back belosse.

De Kummelejon

Jlaube es en janz persönliche Saach. Deswäje es et oberste Jebot bei ener Kummelejon, dä Jäß nit dä katholische Ritus opzezwänge. Wä irjendsjet nit metmaache kann udder will, weil hä halt en andere Konfession hät, sollt nit schäl anjelort, sondern akzepteet wäde. Un och bei dä Kummelejon jilt, dat sich de Zigge jeändert han. Met ener joldene Uhr udder enem Ärmbändche met Anhänger – wie et fröher Tradizion wor – kann mer de Pänz hückzedaachs kaum noch en Freud maache. Deswäje es et schlau, vürher de Eldere vun dä Kummelejonspänz nohm richtije Jeschenk ze frore.

Für all Familijefeste jilt – sowohl für dä Jaßjevver wie och für de Jäß – dat Tabutheme och Tabutheme blieve. Wä vill Nüssele hät, sollt nit domet strunze un och anderes „Imponierjehabe" es bei su enem Feß jenau esu winnich anjesaat wie dä ahle Knies vun vür zwanzich Johr!

dann sollte man es bei einem Wangenkuss belassen.

Die Kommunion

Glaube ist eine ganz persönliche Sache. Deswegen lautet das oberste Gebot bei einer Kommunion, den Gästen keine katholischen Riten aufzuzwingen. Wenn irgendeiner etwas nicht mitmachen kann oder will, weil er halt eine andere Konfession hat, sollte nicht schief angeguckt, sondern akzeptiert werden. Und auch bei der Kommunion gilt, dass sich die Zeiten geändert haben. Mit einer goldenen Uhr oder einem Armbändchen mit Anhänger – wie es früher Tradition war – kann man den Kindern heutzutage kaum noch eine Freude machen. Deswegen ist es schlau, die Eltern der Kommunionkinder vorher nach einem passenden Geschenk zu fragen.

Für alle Familienfeste gilt – sowohl für den Gastgeber wie auch für die Gäste – dass Tabuthemen auch Tabuthemen bleiben. Wer viel Geld hat, sollte damit nicht prahlen und auch anderes „Imponiergehabe" ist bei so einem Fest genauso wenig angebracht wie alte Streitereien von vor zwanzig Jahren.

3. Dä Ton mät de Musik

Manchmol es mer met singem Jäjenüvver alles andere als ener Meinung. Öm ihrlich ze sin: Et jitt Momente, en denne mer enfach nur wödich es. Un dann? Alles eraf schlecke? Dä ahle Knigge hätt dat wahrschenlich och jedon. Ävver hückzedaachs es et esu, dat dä Klüjere esu lang noh jitt, bes hä dä Domme es. Un wä will dat schon?

Doch zom Jlöck sin mer jo en Kölle un do darf mer singem Hätze allt ens jet Luff maache. Ävver sujar dofür jitt et Rejele ...

Weil, wemmer en Kölle zo irjendsenem „Do ahl Aaschloch" sät, dann es dat zwar nit janz fing, ävver kei Minsch wör wirklich beleidigt. Anders süht et us, wenn mer dat op Hochdeutsch sät. Dat es dann schon en Beleidijung, wenn och kein richtig schwere. Do mät ävver dä Ton de Musik! „Do ahl Aaschloch" – op Kölsch – kann och ens en fründlich-ironische Anred zwesche Fründe sin. Ävver de hochdeutsche Version, womöglich noch met „Sie", es eindeutig beleidijend jemeint.

Un noch en Eijenaat: Et jitt och beim Schänge Un-gerschiede. Wobei kurioserwies nit de „jängige"

3. Der Ton macht die Musik

Manchmal ist man mit seinem Gegenüber alles andere als einer Meinung. Um ehrlich zu sein: Es gibt Momente, in denen man einfach nur wütend ist. Und dann? Alles runter schlucken? Der alte Knigge hätte das wahrscheinlich auch getan. Aber heutzutage ist es so, dass der Klügere so lange nachgibt, bis er der Dumme ist. Und wer will das schon?

Doch zum Glück sind wir ja in Köln und da darf man seinem Herzen schon mal Luft machen. Aber sogar dafür gibt es Regeln ...

Wenn man in Köln zu irgendjemanden „Du altes Arschloch" sagt, dann ist das zwar vielleicht nicht ganz fein, aber kein Mensch wäre richtig beleidigt. Anders sieht es aus, wenn man das auf Hochdeutsch sagt. Das ist dann schon eine Beleidigung, wenn auch keine richtige schwere. Da macht aber der Ton die Musik. „Du altes Arschloch" auf Kölsch kann auch mal eine freundlich-ironische Anrede zwischen Freunden sein. Aber die hochdeutsche Version, womöglich noch mit „Sie", ist eindeutig beleidigend gemeint.

Und noch eine Eigenart: Es gibt auch beim Schimpfen Unterschiede. Wobei kurioserweise nicht die „gängigen" Schimpfwörter in Köln eine Beleidigung darstellen – das

Schimpfwöder en Kölle en Beleidijung darstelle – et Schlemmste, wat mer enem Kölsche üvverhaup sage kann, es sujar verjlichswies harmlos: Sag nie, ävver och wirklich nie zo enem Kölsche „Do Drecksack". Weil, de Folje wöre fürchterlich ... Et heiß, dat Kölle de nördlichste Stadt vun Italien wör, ävver de „Vendetta" hät sich noch nit so richtig bei uns durchjesetzt. Zom Jlöck – denn wemmer ene Kölsche „Do Drecksack" schängk, wör söns sujar dat möglich. Ävver och ohne „Blootrache" sin de Folje schlemm jenoch. Wem „Do Drecksack" erusrötsch, dä kann domet rechne, dat si Jäjenüvver handjrieflech weed un selvs wenn mer keine vür de Bir kritt – mer hät op jede Fall bei dem esu Beleidigte für alle Zigge verschesse. Do helpe kein Blome un kein Entschuldijunge. „Do Drecksack" es enfach unverzeihlich. Denk dodran, wenn do met enem Kölsche Knies häs.

Mer hät flöck jet jesaat, wat enem hingerher Leid deit! Keiner erwat, dat mer sich alles jefalle löss. En Schnüss am Kopp zo han es en Kölle sujar jet, wofür mer bewundert weed. Ävver alles hät sing Jrenze! Kei Minsch es wirklich soor, wenn hä als „Plutekopp", „Zubbelsfott" udder „Schnäuvnas" bezeichnet weed (un et jitt jo noch su vill andere!) – domet kann mer och sage, wat mer denkt, ävver mer kann dann och hingerher noch e Kölsch zesamme drinke, üvver dat Janze laache un widder jot Fründ sin.

Schlimmste, was man einem Kölner überhaupt sagen kann, ist sogar vergleichsweise harmlos: Sagen Sie nie, aber auch wirklich nie zu einem Kölner „Du Drecksack", die Folgen wären fürchterlich ... Es heißt, dass Köln die nördlichste Stadt Italiens wäre, aber die „Vendetta" hat sich bei uns noch nicht so richtig durchgesetzt. Zum Glück – denn wenn man einen Kölner mit „Du Drecksack" beschimpft, wäre sogar das möglich. Aber auch ohne „Blutrache" sind die Folgen schlimm genug. Wem „Du Drecksack" rausrutscht, der kann damit rechnen, dass sein Gegenüber handgreiflich wird und selbst wenn man keinen vor den Kopf bekommt – man hat es sich auf jeden Fall bei dem so Beleidigten für alle Zeit verdorben. Da helfen keine Blumen und keine Entschuldigungen. „Du Drecksack" ist einfach unverzeihlich. Denken Sie daran, wenn Sie mit einem Kölner Streit haben.

Man hat schnell etwas gesagt, was einem hinterher Leid tut! Niemand erwartet, dass man sich alles gefallen lässt. Eine große Klappe zu haben ist in Köln sogar etwas, wofür man bewundert wird. Aber alles hat seine Grenzen! Kein Mensch ist wirklich sauer, wenn er als „Plutekopp", „Zubbelsfott" oder „Schnäuvnas" bezeichnet wird (und es gibt noch so viele andere!) – damit kann man auch sagen, was man denkt, aber man kann dann auch hinterher noch ein Kölsch zusammen trinken, über das Ganze lachen und wieder gute Freunde sein.

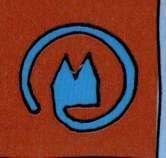

4. Domet mer em Netz nit en et Netz jeht

Kein Frog: De Kommunikation es met Handy un Internet vill leichter jewoode. Ävver donevve lauere och neue Fettdöppche, en de mer tredde kann ...

Esu wor beispillswies en dä Zeidung ze lese, dat irjendsene Prominente per SMS met singer aktuelle Levvensaff-schnittsjefährtin Schluss jemaht hät. Also ne noch schlächtere Stil jitt et nit! Wä sing Bezie-hung beende will, sollt och dä Arsch en dä Botz han, dat persönlich ze sage. Denn et jilt de Rejel: Minsche un et persönliche Jespräch han dä janze Elektronik jäjenüvver Vürrang.

Jrundrejele bei E-Mails

Ävver mer will jo (zom Jlöck) nit immer en Beziehung beende, un do es dat Internet jo echt praktisch. Doch wemmer jet zo schriebe hät, sollt mer dat op keine Fall en Jroßbuchstabe dun, denn dat jilt em Internet als Brölle, un dat es jo nun extrem unhöflich. Usserdemm liet et sich schläch lese.

4. Damit man im Netz nicht ins Netz geht

Keine Frage: Die Kommunikation ist mit Handy und Internet viel leichter geworden. Daneben lauern aber noch viele Fettnäpfchen, in die man treten kann …

So war beispielsweise in der Zeitung zu lesen, dass irgendein Prominenter per SMS mit seiner aktuellen Lebensabschnittsgefährtin Schluss gemacht hat. Also einen noch schlechteren Stil gibt es nicht! Wer seine Beziehung beenden will, sollte auch dafür die Courage haben, das persönlich zu sagen. Denn es gilt die Regel: Menschen und ein persönliches Gespräch haben der ganzen Elektronik gegenüber Vorrang.

Grundregeln bei E-Mails

Aber man will ja (zum Glück) nicht immer eine Beziehung beenden, und da ist das Internet ja echt praktisch. Doch wenn man etwas mitzuteilen hat, dann sollte man das auf gar keinen Fall in Großbuchstaben tun, denn das gilt im Internet als Brüller, und das ist ja nun extrem unhöflich. Außerdem lässt es sich schlecht lesen. Umgekehrt sollte man aber auch nicht alles in Kleinbuchstaben schreiben, denn das gilt als ungebildet und faul. Kurzum:

Ömjedrieht sollt mer ävver och nit alles en Kleinbuchstabe schrieve, denn dat jilt als unjebildet un faul. Koot: Mer sollt de janz normale deutsche Rechtschrievung un Zechesetzung verwende. Och jilt et als nit fing, de Rächschrievfähler vun andere ze korrigeere, et sei denn, et wood dä Name falsch jeschrevve. Ävver alle andere Fähler sollt mer ignoriere. Bei dä Anrede sollt mer dodran denke, dat zwesche „Sehr jeehrter ..." un „Leeve ..." ene Unterschied es wie zwesche Knicks un Bützje. Wä dat jeziellt ensetzt, startet met enem virtuellen Laache. Un em „Betreff" sollt immer dat ston, wat och tatsächlich dren es.

Bescheid jevve

Wemmer en wichtije Mail kritt un jet länger bruch, öm dat Janze ze beantwoote, sollt mer dem Afsender op jede Fall en koote Bestätijung schecke, dat mer de Mail jekräje hät un evvens jet Zick brucht, öm en Antwoot ze schrieve. Alle privaten Mails sollt mer innerhalb vun drei Daach beantwoote udder Bescheid sage, dat et usnahmswies (!!) jet länger dore künnt. Un janz persönliche Saache – vum Liebesbreef bes zor Danksagung – schriev mer och hückzedaachs noch met dä Hand un nit mem Computer.

Man sollte die ganz normale deutsche Rechtschreibung und Zeichensetzung verwenden. Auch ist es unschön, die Rechtschreibfehler anderer zu korrigieren, es sei denn, der Name wird falsch geschrieben. Aber alle anderen Fehler sollte man ignorieren. Bei der Anrede sollte man daran denken, dass zwischen „Sehr geehrter ..." und „Lieber ..." ein Unterschied ist wie zwischen Knicks und Küsschen. Wer dies gezielt einsetzt, startet mit einem virtuellen Lächeln. Und im Betreff sollte auch immer das stehen, was auch tatsächlich drin ist.

Bescheid geben

Wenn man eine wichtige Mail bekommt und etwas länger braucht, um diese zu beantworten, sollte man dem Absender auf jeden Fall eine kurze Bestätigung schicken, dass man die Mail erhalten hat und eben noch etwas Zeit braucht, um eine Antwort zu schreiben. Alle privaten Mails sollte man innerhalb von drei Tagen beantworten oder Bescheid sagen, dass es ausnahmsweise (!!) etwas länger dauert. Und ganz persönliche Sachen – vom Liebesbrief bis zur Danksagung – schreibt man auch heutzutage noch mit der Hand und nicht mit einem Computer.

Diskretion es Ihrensach

Ansonste jilt beim Ömjang met Computere et selve wie am FKK-Strand: Diskretion es anjesaat. Mer lort fott, wenn ener sing Password für dä Computer udder de Mailbox entippt. Un heimlich en de Mailbox vun andere Lück erömzeschnuve es ene janz schwäre, durch nix ze entschuldijende Vertrauensbruch.

Diskretion ist Ehrensache

Ansonsten gilt beim Umgang mit Computern dasselbe wie am FKK-Strand:
Diskretion ist angesagt. Man schaut weg, wenn jemand sein Passwort für den
Computer oder die Mailbox eingibt. Und heimlich in der Mailbox von anderen
Leuten zu spionieren ist ein ganz schwerer, durch nichts zu entschuldigender
Vertrauensbruch.

5. Enjelade – un keiner weiß Bescheid

Wemmer met Fründe udder dä Familich fiere deit, es dat met denne Enladunge normalerwies üvverhaup kein Problem. Jet schwierijer weed et, wenn mer en huh offizielle Enladung kritt, denn wat do so drop steit, es nit immer janz leicht ze bejriefe. Dat Kürzel „U.A.w.g." kennt mer jo noch: „Öm Antwoot weed jebedde", mer soll also anrofe udder schrieve, op mer kütt. Ävver „s.t." udder „c.t." kann ene schon an et Rätsele bränge. Dat es sozesage dubbelt verschlüsselt, denn „s.t." steit för „sine tempore", dat es Latein un bedügg ohne Zick – also pünktlich kumme! Anders es et bei „c.t.", denn dat steit för „cum tempore", also met Zick. Un dat bedügg, dat mer sich et „akademische Veedel" Zick losse kann.

Maat bloß nit, wat ihr wollt!

Ävver et jeht jo noch wigger. Wenn „Casual" op dä Enladung steit, dann soll mer em jehobene Freizeitlook kumme. „Smart Casual" es ene dodrüvver, do trick mer dann Anzoch, Kleid udder Kostüm an. Ävver dann jeht et loß: „Kleiner Gesellschaftsanzug" heiß, dat mer em Smoking bzw. em Ovendkleid udder dat „Kleine Schwatze" kumme sollt, un „Großer Gesellschaftsanzug" steit för Frack un lang Ovendkleid.

5. Eingeladen – und keiner weiß Bescheid

Wenn man mit Freunden oder mit der Familie feiert, ist das mit den Einladungen normalerweise überhaupt kein Problem. Etwas schwieriger wird es, wenn man eine hoch offizielle Einladung bekommt, denn was da so drauf steht, ist nicht immer leicht zu begreifen. Das Kürzel „U.A.w.g." kennt man ja noch: „Um Antwort wird gebeten", man soll also anrufen oder schreiben, ob man kommt. Aber „s.t." oder „c.t." kann einen schon ans Rätseln bringen. Das ist sozusagen doppelt verschlüsselt, denn „s.t." steht für „sine tempore", das ist Latein und bedeutet ohne Zeit – also pünktlich kommen! Anders ist es bei „c.t.", denn das steht für „cum tempore", also mit Zeit. Und das bedeutet, dass man sich das „akademische Viertel" Zeit lassen kann.

Macht bloß nicht, was ihr wollt!

Aber es geht noch weiter. Wenn „Casual" auf der Einladung steht, dann soll man in gehobenem Freizeitlook kommen. „Smart Casual" ist noch eins darüber, da zieht man Anzug, Kleid oder Kostüm an. Aber dann geht es los: „Kleiner Gesellschaftsanzug" heißt, dass man im Smoking bzw. im Abendkleid oder dem „Kleinen Schwarzen" kommen sollte, und „Großer Gesellschaftsanzug" steht für Frack und langes Abendkleid.

Dä Düvel em Detail

Dodrüvver hinaus jitt et noch en paar Tabus, de mer beachte sollt, wemmer enjelade es – och wenn dat nit explizeet op dä Kaat steit. Als do wöre

- dreckelije Schohn (es klor!)
- scheif Afsätz
- Laufmasche
- en Frisur wie e Vogelnest (et sei denn, mer es Künstler!)
- Flecke op de Klamotte
- Unjebüjelte Hemder un Bluse (süht us, als hätt mer em Schaaf jeschlofe!)
- opdringliches Parfüm (mer es schleeßlich nit dä Türsteher en enem orientalische Puff!)
- zo vill Schmuck (et es schleeßlich nit Kreßdaach un mer es keine Weihnachtsbaum!)

Ävver sujet versteit sich jo vun selvs. Udder?

Der Teufel im Detail

Darüber hinaus gibt es noch ein paar Tabus, die man beachten sollte, wenn man eingeladen ist – auch wenn das nicht explizit auf der Karte steht. Als da wären:

- dreckige Schuhe (ist klar!)
- schiefe Absätze
- Laufmasche
- eine Frisur wie ein Vogelnest (es sei denn, man ist Künstler!)
- Flecken auf den Kleidern
- ungebügelte Hemden und Blusen (sieht aus, als hätte man im Schrank geschlafen!)
- aufdringliches Parfüm (man ist schließlich nicht der Türsteher in einem orientalischen Puff!)
- zu viel Schmuck (es ist schließlich nicht Heiligabend und man ist kein Weihnachtsbaum!)

Aber so was versteht sich ja von selbst. Oder?

6. „Fremde Völker"

Et es klein, voll un mät „uffta-uffta-uffta". Wat es dat? Jenau: Dat es ene „Disco-Fiesta" us dem Erftkreis friedaachsovends op dem Wäch noh irjendsener Disco om Ring. Mer süht allt: Kölle es vun fremde Volksstämm ömjovve! Doch mir Kölsche sin jo fründliche un tolerante Minsche, de och jäje Kappesboore nix han, un met e paar Rejele flupp dat och met denne janz jot. Wobei et schlau es, sich met dä verschiedene Rituale vertraut ze maache... Deshalv jetz ene koote Üvverbleck ze denne verschiedene Stämme un wie mer domet ömjeht.

Dä Berchheimer

Hä kütt us dem Erftkreis un teilt sich jrob en zwei Jruppe: De ene sin unger dreßich Johr alt un treten en Kölle friedaachs- un sambsdaachsovends nur en Rudele op. Mer fingk se haupsächlich om Ring un en dä Südstadt, wo se en köötester Zick all Parkplätz kapere. Deswäje Rejel Nummer 1: Wä do wonnt, sollt friedaachs un sambsdaachs am beste ze Fooss jon un singe Wage ston losse. Apropos! Wat junge Berchheimer och kennzeichnet, sin de friseete

6. „Fremde Völker"

Es ist klein, voll und macht „uffta-uffta-uffta". Was ist das? Genau: Das ist ein „Disco-Fiesta" aus dem Erftkreis freitagsabends auf dem Weg zu irgendeiner Disco auf dem Ring. Man sieht schon: Köln ist von fremden Volksstämmen umgeben! Doch wir Kölner sind ja freundliche und tolerante Menschen, die auch gegen Kohlbauern nichts haben, und mit ein paar Regeln funktioniert das dann auch mit denen ganz gut. Wobei es klug ist, sich mit den verschiedenen Ritualen vertraut zu machen ... Deshalb jetzt einen kurzen Überblick der Stämme und wie man damit umgeht.

Der Bergheimer

Er kommt aus dem Erftkreis und teilt sich grob in zwei Gruppen: Die einen sind unter dreißig Jahre alt und treten in Köln freitags- und samstagsabends nur in Rudeln auf. Man findet sie hauptsächlich am Ring und in der Südstadt, wo sie in kürzester Zeit alle Parkplätze kapern. Deswegen Regel Nummer 1: Wer da wohnt, sollte freitags- und samstagabends am besten zu Fuß gehen und seinen Wagen stehen lassen. Apropos! Was den jungen Bergheimer noch kennzeichnet, sind die frisierten Autos. Alles ist tiefer ge-

Autos. Alles es deefer jelaat, sonderlackeet, met allem Jedöns un vör allem fürchterlich laut. De Junge schene allt met enem Rennuspuff en dä Hand op de Welt ze kumme. De Kääls wesse janz jenau, wie laut ehr Autos sin, un esu fahre se munter drop los, ohne rächs un links ze lore, denn se warne jo akustisch vür ... Deswäje Rejel Nummer 2: Ene Berchheimer hät immer Vürfahrt! Dodrüvver hinaus sollt mer sich met junge Berchheimer nie op Kampfsuffe enlosse (mer kann nur verliere!) un verunjlöckte Anmachsprüch nit dudähnz nemme. Boreschlück balze anders!

Dä Berchheimer üvver dreßich erkennt mer dodran, dat hä met singem decke Benz udder singem PS-starke Jeländewage met fünfunzwanzich Saache durch de Stadt kruff, weil hä dä Stadtverkehr nit jewennt es. Mer muss och jederzick domet rechne, dat hä ohne ze blinke un ohne en dä Spejel ze lore plötzlich quer üvver de Stroß fährt, weil em enjefalle es, dat et nohm Nümaat links af jeht. Ävver immerhin kennt hä sich en Kölle halvwächs us!

Dä Düsseldorfer

Zojejovve: Dat es jet für Fortjeschrittene, weil he integrative Fähigkeiten jefordert sin. Weil, ene Düsseldorfer en Kölle es unjefähr esu wie en bayerische Schohplattlerjrupp en dä Pekingoper. Dä Düsseldorfer erkennt mer dodran, dat

legt, sonderlackiert, hat alle möglichen Sonderausstattungen und ist vor allem fürchterlich laut. Die Jungen scheinen schon mit einem Rennauspuff in der Hand auf die Welt zu kommen. Die Kerle wissen ganz genau, wie laut ihre Autos sind, und so fahren sie munter drauf los, ohne rechts und links zu schauen, denn sie warnen ja akustisch vor ... Deswegen Regel Nummer 2: Ein Bergheimer hat immer Vorfahrt! Darüber hinaus sollte man sich mit jungen Bergheimern nie auf Kampftrinken einlassen (man kann nur verlieren!) und verunglückte Anmachsprüche nicht todernst nehmen. Bauern werben anders!

Den Bergheimer über dreißig erkennt man daran, dass er mit seinem dicken Benz oder seinem PS-starken Geländewagen mit fünfundzwanzig Sachen durch die Stadt kriecht, weil er den Stadtverkehr nicht gewohnt ist. Man muss auch jederzeit damit rechnen, dass er ohne zu blinken und ohne in den Spiegel zu schauen plötzlich quer über die Straße fährt, weil ihm eingefallen ist, dass es zum Neumarkt links abgeht. Aber immerhin kennt er sich in Köln halbwegs aus!

Der Düsseldorfer

Zugegeben: Das ist was für Fortgeschrittene, weil hier integrative Fähigkeiten gefordert sind. Ein Düsseldorfer in Köln ist ungefähr so wie eine bayerische Schuhplattlergruppe in der Pekingoper. Den Düsseldorfer erkennt man daran,

hä jet stief es. Deshalv sollt mer zosin, dat mer em zeehsts ens en jode Dosis Kölsch enflößt. E beßje reicht all, schließlich es dä Düsseldorfer kei Bier jewennt, do jitt et jo nur Alt. Jespräche üvver Foßball un Ieshockey sollt mer schon us Höflichkeitsjründe vermeide (selvs ene Düsseldorfer will mer jo nit unbedingk kriesche sinn), un mer kann och röhig zojevve, dat de „Kö", de Königsallee schöner es als wie de Huh Stroß – allerdings nur met dem Zosatz, dat de Huh Stroß zwar nit esu schön es, ävver dat mer dofür do tatsächlich enkaufe kann, anstatt sich nur – wie op dä „Kö" – de Nas an dä Schaufensterschieve platt ze dröcke. Un ärjer dich nit, wenn dä Düsseldorfer stolz verzällt, dat Düsseldorf „Landeshaupstadt" es, denn jeder kritt dat, wat hä verdeent. Un deshalv han mer de Dom, dat Millowitsch-Thiater, dat Wallraff-Richartz-Museum, de Höhner un de Fööss, de Romanische Kirche un, un, un... Tja, Düsseldorf hät vermutlich nit ohne Jrund nur de Landesrejierung ... Sollt mer ens drüvver nohdenke! Deswäje: Bes fründlich, wenn do en Kölle ene Düsseldorfer triffst – hä will och ens jet vum Läve han.

dass er etwas steif ist. Deshalb sollte man zusehen, dass man ihm zuerst eine gute Dosis Kölsch einflößt. Ein bisschen reicht schon, schließlich ist der Düsseldorfer kein Bier gewohnt, da gibt es nur Alt. Gespräche über Fußball und Eishockey sollte man schon aus Höflichkeitsgründen vermeiden (selbst einen Düsseldorfer will man nicht unbedingt weinen sehen), und man kann auch ruhig zugeben, dass die „Kö", die Königsallee schöner ist als die Hohe Straße – allerdings nur mit dem Zusatz, dass die Hohe Straße zwar nicht so schön ist, aber dass man dafür da tatsächlich einkaufen kann, anstatt sich nur – wie auf der „Kö" – die Nase an den Schaufensterscheiben platt zu drücken. Und ärgern Sie sich nicht, wenn der Düsseldorfer stolz erzählt, dass Düsseldorf die „Landeshauptstadt" ist, denn jeder kriegt das, was er verdient! Und deshalb haben wir den Dom, das Millowitsch-Theater, das Wallraff-Richartz-Museum, die Höhner und die Fööss, die Romanischen Kirchen und, und, und ... Tja, Düsseldorf hat vermutlich nicht ohne Grund nur die Landesregierung ... Sollte man mal drüber nachdenken! Deswegen: Seien Sie freundlich, wenn Sie in Köln einen Düsseldorfer treffen – er will auch mal was vom Leben haben.

Dä Sieburjer

Jetz weed et wirklich jet merkwürdig ... Weil, obwohl Sieburch op dä „schäl Sick" un tireck jäjenüvver vun Bonn litt, sin de Sieburjer noch mieh „Kölle-beklopp" wie de Kölsche selvs. Em Stadtbild süht mer alle Nas lang Autos met „Mi Hätz schleit kölsch"-Aufkleber un em Fasteleer singe se nit de Hits us Bonn, sondern kölsche Leedcher. Un Kölsch drinke dun se och ... Et jitt also en Aat „Siele-Verwandtschaff". De hürt allerdings op, subald ene Sieburjer mem Auto de Stadtjrenz noh Kölle üvverquert. Weil dann jeht et nur noch em Trecker-Tempo – wenn üvverhaup! Denn wenn ene Sieburjer sich üvverhaup nit mieh uskennt udder em alles zovill weed (wat em Normalfall etwa sibbehundert Meter noh dä Stadtjrenz es), liet hä si Auto jän enfach op dä Stroß udder medden om Bürjersteig stonn un süht zo, wie hä anders wigger kütt. Dat es jot für de kölsche Pänz, ävver nit immer jot für dä su-

Der Siegburger

Jetzt wird es wirklich etwas merkwürdig ... Obwohl Siegburg auf der „schäl Sick" und direkt gegenüber von Bonn liegt, sind die Siegburger noch mehr „Köln-bekloppt" wie die Kölner selbst. Im Stadtbild sieht man alle Nase lang Autos mit „Mi Hätz schleit kölsch"-Aufkleber und im Karneval singen sie nicht die Hits aus Bonn, sondern kölsche Lieder. Und Kölsch trinken sie auch ... Es gibt also eine Art „Seelen-Verwandtschaft". Die hört allerdings auf, sobald ein Siegburger mit dem Auto die Stadtgrenze nach Köln überquert. Dann geht es nur noch im Traktor-Tempo voran – wenn überhaupt! Wenn ein Siegburger sich überhaupt nicht mehr auskennt oder ihm alles zu viel wird (was ihm im Normalfall etwa siebenhundert Meter hinter der Stadtgrenze passiert), lässt er sein Auto einfach auf der Straße oder mitten auf dem Bürgersteig stehen und sieht zu, wie er anders weiter kommt. Das ist gut für die Kölner Kinder, aber nicht immer gut für den sowieso immer chaotischen

wiesu immer chaotische Verkehr en Kölle ... Do jilt: Nur nit
opräje! De fahre normalerwies all mem Trecker, un do es et halt
nit leicht, sich ömzojewenne ...

Dä Eifler

Dojitt et zwei Jruppe. Eimol de us dem Kreis
Euskirche – dat es dä „Eifler light" – un dä
jroße Reß. Beim „Eifler light" handelt et sich
off öm Kölsche, de sich e Hüsje drusse om
Land jekauf han, nohdem se de Rente durch
hatte. Kann mer zwar nit unbedingt verston –
weil, do es jo nix loß – ävver mer kann och
nix dojäje sage, denn jede Jeck es bekanntlich
anders. Wirklich hart sin de „Hardcore-Eife-
ler", de us Bitburg, Prüm un vun wigger
kumme. Un mer sollt oppasse, dat mer nie de
Frau vun enem Eifeler beleidijt, weil et jo sing
Mamm udder sing Schwester sin künnt –
ävver dat es nur e böswillig Jerücht. Ävver dat
dä Eifler (ähnlich wie dä Westfale) de Rauh fott han, dat stemmp op jede

Verkehr in Köln ... Hier gilt: Nur nicht aufregen! Die fahren normalerweise alle mit dem Trecker, und da ist es halt nicht leicht, sich umzugewöhnen ...

Der Eifeler

Da gibt es zwei Gruppen. Einmal die aus dem Kreis Euskirchen – das ist der „Eifeler light" – und der große Rest. Beim „Eifeler light" handelt es sich oft um Kölner, die sich ein Häuschen draußen auf dem Land gekauft haben, nachdem sie die Rente durch haben. Kann man zwar nicht unbedingt verstehen – weil da ja nichts los ist – aber man kann auch nichts dagegen sagen, denn jeder Jeck ist ja bekanntlich anders. Wirklich hart sind die „Hardcore-Eifeler", die aus Bitburg, Prüm und von weiter kommen. Und man sollte aufpassen, dass man nie die Frau eines Eifelers beleidigt, es könnte ja seine Mutter oder seine Schwester sein – aber das ist nur ein böswilliges Gerücht. Aber dass der Eifeler (ähnlich wie der Westfale) die Ruhe weg hat, das stimmt auf jeden Fall. Wer mit einem „Hardcore-Eifeler" in

Fall. Wä met enem „Hardcore-Eifler" en Kölle ungerwägs es, schwankt ständig zwesche Neid (muss jo schön sin, esu röhig un bedächtig ze sin) un Unjeduld. Un en Sprachbarriere jitt et och. Mer bruch sing Zick, bes mer bejreffe hät, dat „Woi" Eifler Platt für „Wing" es. Ävver wemmer sich dodran eets ens jewennt un e paar Jläsjer „Woi" intus hät, dann kann mer och met mem „Hardcore-Eifler" jot fiere. Klor, dat es dann nit esu usjelosse wie an Rusemondaach, sondern immer schön röhig un jemötlich, ävver dat es jo och ens janz schön …

Köln unterwegs ist, schwankt ständig zwischen Neid (muss ja schön sein, so ruhig und bedächtig zu sein) und Ungeduld. Und eine Sprachbarriere gibt es auch. Man braucht seine Zeit, bis man begriffen hat, das „Woi" Eifeler Platt für „Wein" ist. Aber wenn man sich erst einmal daran gewöhnt und ein paar Gläser „Woi" intus hat, dann kann man auch mit einem „Hardcore-Eifeler" gut feiern. Klar, das ist dann nicht so ausgelassen wie an Rosenmontag, sondern immer schön ruhig und gemütlich, aber das ist auch mal ganz schön ...

7. Immer korrekt: Dä Schlips

Kei Minsch weiß, wofür dat Ding eijentlich jot es, ävver fass steit, dat mer als Kääl nur met enem Schlips korrekt anjetrocke es. Dat dat esu es, kütt vermutlich vun denne Franzuse. Am Hoff vun Künning Louis XIV. jalt et als schick sujenannte „Cravates" ze drage. Dat wore ärch düre Halsdöcher us flandrischer udder venezianischer Spetz un da Künning hatt doröm sujar ene eijenen „Cravatier", dä sich nur dodröm ze kümmere hatt, dat de „Cravates" vum Louis immer stiefstaats wore.

Hückzedaachs sin de Schlipse jet bellijer un mer bruch och keine „Cravatier" mieh, ävver trotzdem reich et noch lang nit, sich irjenden Stöckelche Stoff öm dä Hals ze binge. Wä ene appeljröne Schlips zom rosafarbene Hemb udder ene met Pünktcher zom jroßkarierte Hemb drät, litt stilistisch schwer donevve. Ävver wie mäht mer et richtig? Do jitt et mehrere Lösunge:

1. Mer kombineet drei enfarbije Kleidungsstöcke

Do kammer eijentlich janix verkeht maache. Met enem wieße Hemb, enem blaue Anzoch un ner rut Krawatt es mer zom Beispill

7. Immer korrekt: Die Krawatte

Kein Mensch weiß, wofür das Ding eigentlich gut ist, aber fest steht, dass man als Mann nur mit einer Krawatte korrekt angezogen ist. Dass das so ist, kommt vermutlich von den Franzosen. Am Hof von König Ludwig XIV. galt es als schick sogenannte „Cravates" zu tragen. Das waren sehr teure Halstücher aus flandrischer oder venezianischer Spitze und der König hatte darum sogar seinen eigenen „Cravatier", der sich nur darum zu kümmern hatte, dass die „Cravates" vom Louis immer prächtig waren.

Heutzutage sind die Krawatten etwas billiger und man braucht auch keinen „Cravatier" mehr, aber trotzdem reicht es noch lange nicht, sich irgendein Stückchen Stoff um den Hals zu binden. Wer eine apfelgrüne Krawatte zum rosafarbenen Hemd oder eine mit Pünktchen zum großkarierten Hemd trägt, liegt stilistisch schwer daneben. Aber wie macht man es richtig?

Da gibt es mehrere Lösungen:

1. Man kombiniert drei einfarbige Kleidungsstücke

Da kann man eigentlich nichts falsch machen. Mit einem weißen Hemd, einem blauen Anzug und einer roten Krawatte ist man zum Beispiel immer

immer jot un korrekt anjetrocke.

2. Mer kombineet zwei enfarbije un en jemustertes Kleidungsstöck

Wemmer ene jemusterte Schlips antrecke will, dann sollt wäje dä Harmonie en dem Schlipsmuster de Färve vun Hemb un Anzoch vörkumme. Wenn dat nit jeht, sollt dä Schlips zomindest zo dä Färv vum Anzoch passe. Ävver oppasse! Et kütt relativ selden vör, dat mer zwei Klei-dungsstöcke en exakt däselven Färv kritt. Un wemmer nur ähnliche Färve metenens kombineet, dann süht dat off e beßje seltsam us.

3. Zweimol jemustert un eimol enfarbig

Jetz weed et wirklich kniffelig. Als Faustrejel jlt: Ejal ob Anzoch udder Hemb e Muster han – dat zweite Kleidungsstöck met Muster es op jede Fall dä Schlips. Wichtig sin de Verbindung vun finge un kräftije Mustere, zom Beispill e Hemb met finge un ene Schlips met brigge Striefe. Dobei sollt et de jliche Mustere sin,

gut und korrekt angezogen.

2. Man kombiniert zwei einfarbige und ein gemustertes Kleidungsstück

Wenn man eine gemusterte Krawatte anziehen will, dann sollten wegen der Harmonie in dem Krawattenmuster die Farben von Hemd und Anzug vorkommen. Wenn das nicht geht, sollte zumindest die Krawatte zu der Farbe des Anzugs passen. Aber aufgepasst! Es kommt relativ selten vor, dass man zwei Kleidungsstücke exakt in derselben Farbe bekommt. Und wenn man nur ähnliche Farben miteinander kombiniert, dann sieht das oft ein bisschen seltsam aus.

3. Zweimal gemustert und einmal einfarbig

Jetzt wird es wirklich kniffelig. Als Faustregel gilt: Egal ob Anzug oder Hemd ein Muster haben – das zweite Kleidungsstück mit Muster ist auf jeden Fall die Krawatte. Wichtig sind die Verbindung von feinen und kräftigen Mustern, zum Beispiel ein Hemd mit feinen und eine Krawatte mit breiten Streifen. Dabei

Striefe un Karos zom Beispill loore zosamme nit jot us.
Janz experimentierfreudije Minsche künnte op de Idee
kumme, drei verschiedene Mustere ze kombineere.
Dat deit mer besser loße, denn et Enderjebnis süht
en de miehste Fäll noh Zirkus us. Op Nummer se-
cher jeht mer met de foljende Kombinatione:

· dunkle Anzoch, hell Hemb un dunkle
  Schlips
· meddeldunkle Anzoch, hell Hemb un
  dunkle Schlips
· helle Anzoch, meddeldunkle Hemb un
  dunkle Schlips

sollten es die gleichen Muster sein, Streifen und Karos zum Beispiel sehen zusammen nicht gut aus.

Ganz experimentierfreudige Menschen könnten auf die Idee kommen, drei verschiedene Muster zu kombinieren. Das sollte man besser lassen, denn das Endergebnis sieht in den meisten Fällen nach Zirkus aus. Auf Nummer sicher geht man mit folgenden Kombinationen:

- dunkler Anzug, helles Hemd und dunkle Krawatte
- mitteldunkler Anzug, helles Hemd und dunkle Krawatte
- heller Anzug, mitteldunkles Hemd und dunkle Krawatte

8. Richtig anjetrocke

Dat mer nit en Shorts un Hawaiihemb kütt, wemmer en wichtije jeschäffliche Besprechung hät, hät sich allt erömjesproche. Ävver trotzdem jitt et noch jenoch, wat mer verkeet maache kann. Ene deefe Usschnett bei denne Fraulück zom Beispill! En nüngunnüngsich Prozent vun denne Fäll es sujet – wenn mer et sich leiste kann – jän jesin, ävver nit beim Vürstellungsjespräch! Weil, do künnt mer sich och jlich op de Besetzungscouch läje, un ene seriöse Chef fingk sujet nit esu jot. Jenau esu – bei dä Häre – de Färv vum Anzoch. Wä Kompetenz un Vertraue vermittele will, sollt immer en dunkle Färv wähle. Un: Oppasse met dä Mustere! Wä e jestrieft Hemb anhätt, sollt och en jestriefte Krawatt un ene Uni-Anzoch dazo drage. Un noch ene Fähler beim Antrecke: Dä „Mustermix", sprich Nodelstriefeanzoch, jepunktet Hemb un querjestriefte Schlips – mer sin jo nit beim Zirkus.

Op ofiziellem Parkett

Wenn bei enem offizielle Anlass „Ovendjaderobe" verlangt es, muss en Frau

Dass man nicht in Shorts und Hawaiihemd kommt, wenn man zu einer wichtigen geschäftlichen Besprechung geht, hat sich schon herum gesprochen. Aber trotzdem gibt es noch genug, was man falsch machen kann. Ein tiefer Ausschnitt bei den Frauen zum Beispiel! In neunundneunzig Prozent der Fälle ist so etwas – wenn man es sich leisten kann – gern gesehen, aber nicht beim Vorstellungsgespräch! Denn dann könnte man sich auch gleich auf die Besetzungscouch legen, und ein seriöser Chef findet das nicht so gut. Genauso – bei den Herren – die Farbe des Anzugs. Wer Kompetenz und Vertrauen vermitteln will, sollte immer dunkle Farben wählen. Und: Aufpassen mit den Mustern! Wer ein gestreiftes Hemd trägt, sollte auch eine gestreifte Krawatte und einen Uni-Anzug dazu tragen. Und noch ein Fehler beim Anziehen: Der „Mustermix", sprich Nadelstreifenanzug, gepunktetes Hemd und quer gestreifte Krawatte – wir sind ja nicht beim Zirkus.

Auf offiziellem Parkett

Wenn bei einem offiziellen Anlass „Abendgarderobe" verlangt ist, muss eine Frau heutzutage nicht mehr unbedingt im langen Abendkleid kommen – ein schicker, eleganter Hosenanzug ist mittlerweile auch gesellschaftsfähig. Für die Herren gilt dabei Smoking – wenn Frack gefordert ist, steht so etwas normaler-

hückzedaachs nit mieh unbedingt em lange Ovendkleid kumme – ene schicke, elejante Hoseanzoch es meddlerweile och jesellschaffsfähig. Für de Häre jilt dobei Smoking – wenn Frack jefordert es, steht sujet normalerwies op dä Enladungskaat. Un richtich: Wemmer wer vürjestalt kritt, sät mer hück nit mieh „Anjenehm" udder „Sehr erfreut" udder ähnliche Floskele (weil, mer weiß ja noch janit, ob dat tatsächlich esu anjenehm weed), sondern laach einfach nur fründlich. Ävver dat nur nevvenbei.

Privat enjelade

Jot, wemmer sing beste Fründe besöke jeht, kann mer normalerwies esu kumme, wie mer will. Ävver wenn zom Beispill dä neue Nohbar en Enweihungsparty für si Huus jitt, sollt mer nit jrad em Freizeitanzoch us lila Ballonseide un met de Adilette an de Fööss kumme. Bei solche Anläß es „lejere Kleidung" anjesaat, sprich e Hemb ohne Schlips – dä Krare künnt ihr oplosse, ävver wirklich nur de eetste zwei Knöpp – un, wenn ihr wollt, en Jeans udder en andere bequeme Botz. Ävver op keinen

weise auf der Einladungskarte. Und richtig: Wenn man jemanden vorgestellt bekommt, sagt man heutzutage nicht mehr „Angenehm" oder „Sehr erfreut" oder ähnliche Floskeln (man weiß ja noch gar nicht, ob das tatsächlich auch angenehm wird), sondern lächelt einfach nur freundlich. Aber das nur nebenbei.

Privat eingeladen

Gut, wenn man seine besten Freunde besucht, kann man normalerweise so kommen, wie man will. Aber wenn zum Beispiel der neue Nachbar eine Einweihungsparty für sein Haus gibt, sollte man nicht gerade im Freizeitanzug aus lila Ballonseide und mit Adiletten an den Füßen kommen. Bei solchen Anlässen ist „legere Kleidung" angesagt, sprich Hemd ohne Krawatte – den Kragen könnten Sie auf-

Fall sollt mer als Mann en koote udder ze spacke Botz drage. Un bei dä Schohn es erlaubt, wat jefällt – usser Adilette. Bei dä Fraulück es et sujar noch enfacher: Erlaubt es alles, wat jefällt. Met ener Usnahme: Mer darf zwar sinn, dat ihr Fraue sid, och ene Usschnett un ene koote Rock es en Odenung, ävver wenn dä Usschnett esu deef es, dat ihr eijentlich dat Oberteil och fottloße künnt un dä Rock esu koot es, dat ihr och em Ungerbötzje hätt kumme künne, dann es dat an dä Stell nit esu jot.

Dä „Antrettsbesök"

Un ze joter Letz noch ene Spezialfall: Wemmer sing zokünftije Schwijereldere et ehste Mol besök (udder besöke muss), dann sollt mer schon dodrop achte, anständig uszesinn (schon em eijene Interesse!), ävver mer muss sich nit völlig verkleide. Wenn ene Kääl, dä söns en Jeans un T-Shirt erömläuf, plötzlich em finge Anzoch op dä Matt steit un dat Mädche, dat söns em spacke Top un mem koote Röckche ungerwächs es, em brave Trachteblüsje ankütt, dann kann

lassen, aber wirklich nur die ersten beiden Knöpfe – und wenn Sie wollen, in Jeans oder einer anderen bequemen Hose. Aber auf keinen Fall sollte man als Mann eine zu kurze oder zu enge Hose tragen. Und bei den Schuhen ist erlaubt, was gefällt – außer Adiletten. Bei den Frauen ist es sogar noch einfacher. Erlaubt ist alles, was gefällt. Mit einer Ausnahme: Man darf zwar sehen, dass man eine Frau ist, auch ein Ausschnitt und ein kurzer Rock ist in Ordnung, aber wenn der Ausschnitt so tief ist, dass man das Oberteil auch eigentlich weglassen kann und der Rock so kurz ist, dass man auch im Slip hätte gehen können, dann ist das an der Stelle nicht so gut.

Der „Antrittsbesuch"

Und nun zu guter Letzt noch ein Spezialfall: Wenn man seine zukünftigen Schwiegereltern zum ersten Mal besucht (oder besuchen muss), dann sollte man schon darauf achten, anständig auszusehen (schon im eigenen Interesse), aber man sollte sich nicht völlig verkleiden. Wenn ein Mann, der sonst nur Jeans und T-Shirt trägt, plötzlich im feinen Anzug vor der Haustür steht und die Frau, die sonst im engen Top und mit einem

mer schon merke, dat do irjendsjet nit stemmp. Besser es et, singem Stil un sin-
ger Persönlichkeit treu ze blieve. Also en saubere Jeans ohne Löcher un statt
dem Punk-T-Shirt e Hemb – mieh bruch mer nit. Un wenn bei dä Mädcher et
Oberteil e beßje wennijer spack un dä Rock e Stöckelche länger es wie normal,
dann es dat jot. Denn schließlich will mer sich jo als Familich un nit als Thia-
tertrupp kenne liere!

kurzen Rock unterwegs ist, im braven Trachtenblüschen erscheint, dann merkt man schon, dass da irgendwas nicht stimmt. Besser ist es, seinem Stil und seiner Persönlichkeit treu zu bleiben. Also eine saubere Jeans ohne Löcher und statt des Punk-T-Shirts ein Hemd – mehr braucht man nicht. Und wenn bei der Frau das Oberteil ein bisschen weniger eng sitzt und der Rock ein Stückchen länger wie normal ist, dann ist das gut. Denn schließlich will man sich ja als Familie und nicht als Theatergruppe kennen lernen!

9. Janz locker blieve beim Danze

Vör fuffzich, sechsich Johr wor en Danzschull nit nur dä Ort, wo mer Walzer udder Foxtrott lihre dät – et wor och dä Ort, wo jung Minsche Benemme lihre sollte. Do krät mer dann jezeich, wie mer ene korrekte Diener mät un wie mer höflich zum Danze opfordert. Ansonste jalt: „De Häre rächs, de Dame links" – alles stief un verklemmp. Dat es zom Jlöck all längs vürbei. Ävver e paar Rejele jitt et trotzdem noch.

Eets frore – dann danze (udder och nit)

Tja, wie mät mer dat? Also – mer muss sich nit mieh jroßartich vürstelle, wem-mer en Frau zom Danze opfordere will. Enfach fründlich frore: „Wolle mer danze?" Jet anderes es et, wenn mer süht, dat de Frau en männlicher Bejleitung es. Dann fröch mer anstandshalver en Richtung vun dem Mann: „Jestatten Sie?" Wie jesaat – en Formsaach – hückzedaachs entscheide de Fraulück janz allein, ob un met wäm se danze wolle.

Un dat kütt allt de nöchste Hürd. Weil, mer kann noch esu höflich un fründlich frore – en Frau es och durch de Etikette nit dozo verpflichtet, met enem Kääl ze danze, dä se nit ligge kann. Do jitt et dann dä jefürchtete „Korv", wobei

9. Ganz locker bleiben beim Tanzen

Vor fünfzig, sechzig Jahren war eine Tanzschule nicht nur ein Ort, wo man Walzer oder Foxtrott lernen konnte – es war auch ein Ort, wo junge Menschen Benehmen lernen sollten. Da bekam man dann gezeigt, wie man eine korrekte Verbeugung macht und wie man höflich zum Tanzen auffordert. Ansonsten galt: „Die Herren rechts, die Damen links" – alles sehr steif und verklemmt. Das ist zum Glück schon längst vorbei. Aber ein paar Regeln gibt es trotzdem noch:

Erst fragen – dann tanzen (oder auch nicht)

Tja, wie macht man das? Also – man muss sich nicht mehr großartig vorstellen, wenn man eine Dame zum Tanz auffordern will. Einfach freundlich fragen: „Wollen wir tanzen?" Etwas anderes ist es, wenn man sieht, dass die Dame in männlicher Begleitung ist. Dann fragt man anstandshalber in Richtung des Mannes: „Gestatten Sie?" Wie gesagt – reine Formsache – heutzutage entscheiden die Damen ganz allein, ob und mit wem sie tanzen wollen.

Und dann kommt schon die nächste Hürde. Man kann noch so höflich und freundlich fragen – eine Dame ist auch durch die Etikette nicht dazu verpflich-

dä möchlichst taktvoll uszefalle hät. Zoeets ene „Korv" verdeile un Sekunde späder met enem andere op de Tanzfläch jon, es donevve – sujet deit mer nit.

Jesunde Selvsenschätzung erspart en Blamasch

Hand op et Hätz, Fründe: Wä vun üch es wirklich ene jode Dänzer? Evvendröm! Ich och nit. Ävver op dä andere Sick jitt et kein bessere Jelejenheit, e lecker Frauminsch en de Ärme ze hahle, wie beim Danze. Et Beste es zoeets ens op de Ben ze lore (wat enem richtije Kääl bestemmp nit schwer fällt), öm ze sinn, ob de Frau, de mer em Aug hät, ne Anfänger, ne Fortjeschreddene udder sujar ne richtije Profi es. Un dann es Ihrlichkeit anjesaat. Weil, wä met Möh un Nut dä „Idiotefox" hinkritt, mät weder sich noch singer Partnerin en Freud, wemmer ene richtije Danz-Profi opfordere deit. Ävver ene kleine Trust: Wenn et doch ens passeet, dann es et für dä Profi-Dänzer jäje de Etikette ze sage, dat mer ens noh dä Danzschull jon sollt. Och wenn hä domet noch esu Räch hät!

tet, mit einem Mann zu tanzen, den sie nicht leiden kann. Da gibt es dann den gefürchteten „Korb", wobei dieser möglichst taktvoll ausfallen sollte. Zuerst einen „Korb" verteilen und Sekunden später mit einem anderen auf die Tanzfläche gehen, ist daneben – so etwas macht man nicht.

Gesunde Selbsteinschätzung erspart eine Blamage

Hand aufs Herz, Freunde: Wer von euch ist ein wirklich guter Tänzer? Eben! Ich auch nicht. Aber auf der anderen Seite gibt es keine bessere Gelegenheit, eine nette Dame im Arm zu halten, wie beim Tanzen. Das Beste ist zuerst einmal auf die Beine zu schauen (was einem echten Mann bestimmt nicht schwer fällt), um zu sehen, ob die Dame, die man im Auge hat, eine Anfängerin, eine Fortgeschrittene oder sogar ein richtiger Profi ist. Und dann ist Ehrlichkeit angesagt. Wer mit Mühe und Not den „Idiotenfox" hinkriegt, macht weder sich noch seiner Partnerin eine Freude, wenn man einen richtigen Tanz-Profi aufgefordert hat. Aber ein kleiner Trost: Wenn es doch einmal passiert, dann ist es für einen Profi-Tänzer gegen die Etikette zu sagen, dass man noch einmal in die Tanzschule gehen sollte. Auch wenn er damit noch so Recht hat!

10. Jode Stimmung am Desch

Ejal ob privat udder jeschäfflich: De richtije Sitzodenung es et A un O bei Feste un Versammlunge.

Dobei kann mer – je noh dem – ungerschiedliche Charaktere entweder janz bewusst trenne udder zesamme setze. Klor, wenn sich Lück esu janit ligge künne udder völlig ungerschiedliche Interesse han, dann sollt mer se nit jrad an dä selve Desch udder nevvenenander setze. Ävver ansonste kann et och sin, dat sich Jäjesätz antrecke, un de zwei esu ungerschiedliche Jäß ene schöne un anrejende Ovend han.

Och Paare – sufän nit fresch verliebt – kann mer sitztechnisch durchaus ens trenne, su han beide de Möglichkeit, ens neue Lück kenne ze liere. Mer sollt ävver dodrop achte, dat beide Partner Bleckkontakt zoenander han.

Bei jeschäffliche Veranstaltunge jeht et noh dä Rangodenung: Je hühter en dä Hierarche desto

10. Gute Stimmung am Tisch

Egal, ob privat oder geschäftlich: Die richtige Sitzordnung ist das A und O bei Festen und Versammlungen.

Dabei kann man – je nach dem – unterschiedliche Charaktere entweder ganz bewusst trennen oder zusammen setzen. Klar, wenn sich Leute so gar nicht leiden können oder völlig unterschiedliche Interessen haben, dann sollte man sie nicht gerade an den selben Tisch oder nebeneinander setzen. Aber ansonsten kann es auch sein, dass sich Gegensätze anziehen, und die zwei so unterschiedlichen Gäste einen schönen und anregenden Abend haben.

Auch Paare – sofern sie nicht frisch verliebt sind – kann man sitztechnisch durchaus einmal trennen, denn so haben beide die Möglichkeit, einmal neue Leute kennen zu lernen. Man sollte aber darauf achten, dass beide Partner Blickkontakt zueinander haben.

Bei geschäftlichen Veranstaltungen gibt es noch eine Rangordnung: Je höher in der Hierarchie desto näher beim Chef. Das kann bei gleichrangigen Menschen

nöhter beim Chef. Dat kann bei jlichrangige Lück e beßje schwär wäde, doher jilt: Dä mem längste Anreisewäch kritt dä Vörtredd un Alter jeht vür Jugend. Usserdemm sollt mer dodrop achte, dat de Jäß en Möglichkeit han, neue jeschäffliche Kontakte ze knüpfe.

Jet kniffelich: De Sitzodenung bei Familijefeste

Wemmer op enem private Feß ahle un neue Fründe metenander bekannt maache will, dann klapp dat jo noch met Hilfe vun dä Sitzodenung. Richtig schwierig weed et allerdings, wenn sich de Familich trifft! Weil, do jeht et jo nit doröm, neue Lück kenne ze liere, sondern Knies

ein bisschen schwer werden, daher gilt: Diejenigen mit dem längsten Anreiseweg bekommen den Vortritt und Alter geht vor Jugend. Außerdem sollte man darauf achten, dass die Gäste die Möglichkeit haben, neue geschäftliche Kontakte zu knüpfen.

Etwas kniffelig: Die Sitzordnung bei Familienfesten

Wenn man auf einem privaten Fest alte und neue Freunde miteinander bekannt machen will, dann klappt das ja noch mit Hilfe der Sitzordnung. Richtig schwierig wird es allerdings, wenn sich die Familie trifft! Da geht es nicht darum, neue Leute kennen zu lernen, sondern Streit zu vermeiden ... Und

ze vermeide ... Un wemmer dem Ühm, dä mer allt immer schon jot ligge kunnt, dä „Ihreplaaz" jitt, sin tireck zehn andere beleidigt, weil se denke, mer hätt se nit esu jän ... Deswäje empfiehlt sich für Familijefeste de „lockere Sitzodenung". Dat heiß, dat nur bestemmpte Plätze verjovve weede (zom Beispill für Trauzeuje suwie für Eldere bei ener Huhzick), dä Reß setz sich enfach esu, wie hä will un wie Platz es. Ene aufmerksame Jaßgevver lort allerdings dodrop, dat keiner allein setze muss.

wenn man dem Onkel, den man schon immer gut leiden konnte, den „Ehren-platz" gibt, sind direkt zehn andere beleidigt, weil sie denken, man hätte sie nicht so gerne ... Deswegen empfiehlt sich für Familienfeste die „lockere Sitz-ordnung". Das heißt, dass nur bestimmte Plätze vergeben werden (zum Beispiel für Trauzeugen sowie für Eltern bei einer Hochzeit), der Rest setzt sich einfach so, wie man will und wie Platz ist. Ein aufmerksamer Gastgeber achtet aller-dings darauf, dass keiner alleine sitzen muss.

11. Mer es, wie mer iß

Mer sollt et nit jläuve, ävver et jitt immer noch Minsche, de sich wie ene Wolf op et Esse stürze, sich selvs zoeets bedeene, Berje vun Esse op dä Teller scheppe, rülpse udder met voller Mul am schwaade sin. Bruche mer janit drüvver ze spreche – dat jeht janit. Ävver selvs, wemmer dat all nit deit, jitt et noch jenoch, wat mer verkeet maache kann.

„Jode Hunger!"

De miehste Lück mene et fründ- lich, wenn se enem „Jode Hunger" wünsche. Trotz- dem: Et jehürt sich en de miehste Fälle nit. Dä enzije Plaaz, wo mer „Jode Hunger" wünsche darf, es en dä Kantin. Weil, et es üvverall esu, dat sich Kol- leje meddaachs en dä Kantin ene „Jode Hunger" wünsche – wä dat nit deit, jilt flöck als arrogant.

Man sollte es nicht glauben, aber es gibt immer noch Menschen, die sich wie ein Wolf auf das Essen stürzen, sich selbst zuerst bedienen, Berge von Essen auf den Teller laden, rülpsen oder mit vollem Mund reden. Da brauchen wir gar nicht drüber zu reden – das geht gar nicht! Aber selbst, wenn man das alles nicht macht, gibt es noch genug, was man falsch machen kann.

„Guten Hunger"

Die meisten Leute meinen es freundlich, wenn sie „Guten Hunger" wünschen. Trotzdem: Es gehört sich in den meisten Fällen nicht. Der einzige Platz, wo man „Guten Hunger" wünschen darf, ist in der Kantine. Das ist überall so, dass sich Kollegen mittags in der Kantine „Guten Hunger" wünschen – wer das nicht macht, gilt schnell als arrogant.

Aber bei Geschäftsessen und feierlichen Banketten gilt es als unschick „Guten Hunger" zu sagen. Warum? Das ist so: Wenn man „Guten Hunger" sagt, dann könnte das auch so verstanden werden, dass das Essen nicht so gut ist und dass man einen „Guten Hunger"

Ävver bei Jeschäftsesse un feierliche Bankette jilt et als unschick, „Jode Hunger" ze sage. Woröm? Dat es esu: Wemmer „Jode Hunger" sät, dann künnt dat och esu verstande weede, dat dat Esse nit jot es un dat mer ene „Jode Hunger" bruch, für dat Zeug üvverhaup eraf ze krieje. Sujet jeht natürlich nit!

Mer muss nit alles esse

Et es Gottseidank nit mieh esu, dat mer alles esse muss, wat op dä Desch kütt. Weil, et hät sich erömjesproche, dat mänche Lück us religiöse Jründe nit alles esse dürfe udder weil se jäje irjendjet allergisch sin. Un och Vegetarier sin all lang kein Exote mieh. Vun doher kann mer hück röhig och ens „nä" sage, wenn mer irjendjet nit esse will. Udder enfach op dem Teller losse, wat mer nit maach udder wat mer nit schaff. Un et jitt och kein „Anstandsrestcher" mieh – wenn et schmeck, dann kann mer röhich alles opesse. Dat Enzije, wat immer noch unfein es: Sich ene Birch Esse op dä Teller scheppe un dann Urze maache.

braucht, um das Essen überhaupt runter zu kriegen. So etwas geht natürlich nicht!

Man muss nicht alles essen

Es ist Gottseidank nicht mehr so, dass man alles essen muss, was auf den Tisch kommt. Es hat sich rumgesprochen, dass manche Leute aus religiösen Gründen nicht alles essen dürfen oder sie gegen irgendwas allergisch sind. Und auch Vegetarier sind schon lange keine Exoten mehr. Von daher kann man heute auch ruhig einmal „nein" sagen, wenn man irgendwas nicht essen möchte. Oder einfach auf dem Teller lassen, was man nicht mag oder nicht schafft. Und es gibt auch keine „Anstandsreste" mehr – wenn es schmeckt, dann kann man ruhig alles aufessen. Das Einzige, was immer noch unfein ist: Sich einen Berg Essen auf den Teller schaufeln und dann nicht aufessen.

Pass op met dem Salz!

Wä kennt nit de Lück, de tireck noh dem Salzdöppe jriefe, ohne dat Esse zoeets ens probeet ze han! En Beleidijung für jede Jaßjever, denn dat heiß doch nix anderes wie: „Lohnt sich janit, ze probeere – es suwiesu ze fad!" Deshalv jilt: Zoeets probeere, et Esse lobe un dann jestonn, dat et met „ner kleine Prise Salz" absolut perfekt wör.

Minsche am Buffet

Dat kennt mer us dem Urlaub: Lück, de am Buffet esu dun, als jöv et morje nix mieh ze esse. Mät mer nit! Immer schön en dä Schlang anstelle un nit drängele.

Pass mit dem Salz auf!

Wer kennt nicht die Leute, die direkt nach dem Salzstreuer greifen, ohne das Essen zuerst probiert zu haben! Eine Beleidigung für jeden Gastgeber, denn das heißt doch nichts anderes wie: „Lohnt sich gar nicht zu probieren – ist sowieso zu fad!" Deshalb gilt: Zuerst probieren, das Essen loben und dann eingestehen, dass es mit „einer kleinen Prise Salz" absolut perfekt wäre.

(och nit, wenn de Lück vür enem fünf Minutte bruche, öm sich ze entscheide, ob se jetz Fesch udder Fleisch esse wolle). Un och kein Familijeportion op dä Teller dun udder kale Lachs un wärme Rostbrate op ene Teller – leever zweimol jon.

Un dat jeht üvverhaup nit ...

Ädäppele klein matsche un met Zaus vermenge, dat mer ene Brei hät. Schmeck villeich, süht ävver us wie vürverdaut, un dat es jet, wat mer keinem zomode kann. Maat dat, wenn ihr zohuus allein sid, ävver niemols en Jesellschaff!

Menschen am Buffet

Das kennt man aus dem Urlaub: Leute, die am Büffet so tun, als ob es morgen nichts mehr zu essen gäbe. Macht man nicht! Immer schön in der Schlange anstellen und nicht drängeln (auch nicht, wenn die Leute vor einem fünf Minuten brauchen, um sich zu entscheiden, ob sie jetzt Fisch oder Fleisch essen wollen). Und auch keine Familienportionen auf den Teller packen oder kalten Lachs und warmes Roastbeef auf einen Teller – lieber zweimal gehen.

Und das geht überhaupt nicht …

Kartoffel klein kneten und mit Soße vermengen, so dass ein Brei entsteht. Schmeckt vielleicht, sieht aber aus wie vorverdaut, und das ist etwas, was man keinem zumuten kann. Machen Sie das, wenn Sie zuhause allein sind, aber niemals in Gesellschaft!

12. Schwad nit lang

Zojejovve: Su e Handy es ech praktisch. Ävver wie bei de miehste Saache kann mer et och mem Handy üvverdrieve! Wä kennt nit de Type, de usjerechnet en dä Stroßebahn üvver ihr Liebesleben schwaade udder de villbeschäftigte Kääls, de alle drei Minutte am Handy hänge, obwohl mer sich met ihne eijentlich ze enem private Ovendesse verafreddet hät. Udder, och sehr apart: De Lück, de nur SMS am schrieve sin un bei denne mer dä Endruck nit loss weed, dat se eijentlich vill leever woanders wöre.

Deswäje es de eetste un wichtigste Rejel: Mem Handy möchlichst dezent ze sin. Dat fängk allt mem Klingelton an! Weil, wemmer em Bus udder en dä Bahn sitz un plötzlich jon de „Posaune vun Jericho" los, kritt mer allt eine Dudsschreck. Dann, och janz wichtig: Möchlichst leis schwaade. Et jitt Lück, de sin am Handy esu am brölle, dat se eijentlich jar kei Telefon mieh bruche – mer hührt se och esu allt kilometerwigg. Un intime Jespräche sollt mer em öffentliche Raum suwiesu vermeide. Weil, et löss sich nit verhindere, dat de andere

Zugegeben: So ein Handy ist echt praktisch. Aber wie bei den meisten Sachen kann man auch mit einem Handy übertreiben! Wer kennt nicht die Typen, die ausgerechnet in der Straßenbahn über ihr Liebesleben reden oder die viel beschäftigten Männer, die alle drei Minuten am Handy hängen, obwohl man sich mit ihnen eigentlich zu einem privaten Abendessen verabredet hatte. Oder, auch sehr apart: Die Leute, die nur SMS schreiben, und bei denen man den Eindruck nicht loswird, dass sie eigentlich viel lieber woanders wären.

Deswegen ist die erste und wichtigste Regel: Mit dem Handy möglichst dezent zu sein. Das fängt schon mit dem Klingelton an! Wenn man im Bus oder in der Bahn sitzt und plötzlich gehen die „Posaunen von Jericho" los, kriegt man schon mal einen Todesschrecken. Dann, auch ganz wichtig: Möglichst leise reden. Es gibt Leute, die schreien so laut in ihr Handy, dass sie eigentlich gar kein Telefon mehr brauchen – man hört sie auch so schon kilometerweit. Und intime Gespräche sollte man im öffentlichen Raum sowieso

Lück jezwungenermaße methüre! Un de wolle vun Beziehungsprobleme udder dä „jeilen Blondine vun hück Naach" nix wesse, sujet es enfach nur peinlich. Vill besser es et en so enem Fall ze sage, dat mer späder zoröckröf.

Mer es och nit jezwunge, jedes Mol dran ze jon, wenn et Handy klingelt! Do sollt mer sich Prioritäte setze – wemmer jrad en nem berufliche Jespräch es, hät de Fründin halt usnahmswies ens Sendepaus. Nur wenn et janit anders jeht, sollt mer met ener Entschuldijung et Jespräch ungerbreche un dä Anrof annemme. Un dobei sollt dann wirklich alles jeklärt weede, domet mer nit noch dreimol an et Handy muss. Dat mer et Handy – wenn mer et schon nit afschalte will – en Konferenze un Jespräche op „lautlos" stellt, es e Jebot dä Höflichkeit.

vermeiden. Es lässt sich nicht verhindern, dass andere Leute gezwungenermaßen mithören! Und die wollen von Beziehungsproblemen oder der „geilen Blondine von heute Nacht" nichts wissen, so etwas ist einfach nur peinlich. Viel besser ist es in so einem Fall zu sagen, dass man später zurückruft.

Man ist auch nicht gezwungen, jedes Mal dran zu gehen, wenn das Handy klingelt! Da sollte man Prioritäten setzen – wenn man gerade in einem beruflichen Gespräch ist, hat die Freundin halt ausnahmsweise Sendepause. Nur wenn es gar nicht anders geht, sollte man mit einer Entschuldigung das Gespräch unterbrechen und den Anruf annehmen. Und dabei sollte dann wirklich alles geklärt werden, damit man nicht noch dreimal ans Handy muss. Dass man das Handy – wenn man es schon nicht abschalten will – in Konferenzen und Gesprächen auf „lautlos" stellt, ist ein Gebot der Höflichkeit.

Was in Gesellschaft gar nicht geht, ist SMS schreiben. Denn man konzentriert sich dann auf das, was man schreiben will und nicht mehr auf die Leute, die einem gerade etwas erzählen. Da könnte man genauso gut sagen,

Wat en Jesellschaff janit jeht, es SMS schrieve. Weil, do konzentreet mer sich dann op dat, wat mer schrieve will un nit mieh op de Lück, de enem jrad jet verzälle. Do künnt mer jenau esu jot sage, dat enen dat nit interesseet un mer suwiesu vill leever janz woanders wör. Koot: Su e Handy es wirklich praktisch, sulang mer sich vun su enem Dinge nit et Levve diktiere liet. Mer muss nit immer un üvverall für si Handy do sin, sondern ömjedrieht!

dass einen das nicht interessiert und man sowieso viel lieber ganz woanders wäre. Kurz: So ein Handy ist wirklich praktisch, solange man sich von so einem Ding nicht das Leben diktieren lässt. Man muss nicht immer und überall für sein Handy da sein, sondern umgekehrt!

13. Minsche em Hutell

Mer soll sich en enem Hutell udder ener Pension zwar wie zo Huus föhle, ävver nit unbedingt och esu benemme! Denn mer läv jo nit allein em Hutell ...

Un et jitt vill, wat mer falsch maache kann. Zom Beispill met Badeklamotte en dä Fröhstöcksraum jon! Och wenn et villeich sujar jot ussüht (soll jo vürkumme!) – dat jeht janit, dat es keine Stil. Jenau esu winnich deckt mer sich am Fröhstöcks-buffet met Esse für dä janzen Daach en – dat es dä andere Jäß jäjenüvver unfair, weil mer denne villeich alles fottfresse deit, un och dä Hutellier es üvver sujet nit jrad jlöcklich, denn hä hät „met Fröhstöck" un nit „met Vollpension" kalkuleet. Jenau esu ömje-drieht: Em Restaurant Botterramme uspacke, de mer selvs metje-braat hät, es schlicht un erjriefend unverschämp un mer darf sich dann nit wundere, wemmer erusflüch. Un laut schwaade udder medden en dä Naach de Musik udder dä Fernseher laut opdriehe, dat jeht och nit – dat kann mer zohuus wäje de Nohbere jo och nit. Dat möt eijentlich klor sin. Ävver et jitt noch e paar „specials"!

13. Menschen im Hotel

Man soll sich in einem Hotel oder einer Pension zwar wie zu Hause fühlen, aber sich nicht unbedingt genauso benehmen. Denn man lebt ja nicht alleine im Hotel ...

Und es gibt viel, was man falsch machen kann. Zum Beispiel mit den Badesachen in den Frühstücksraum gehen! Auch wenn es vielleicht sogar gut aussieht (soll ja vorkommen) – das geht gar nicht, das hat keinen Stil. Genau so wenig deckt man sich am Frühstücksbüffet mit Essen für den ganzen Tag ein – das ist erstens den anderen Gästen gegenüber unfair, weil man denen vielleicht alles wegnimmt, und auch der Hotelier ist über so etwas nicht gerade erfreut, denn er hat „mit Frühstück" und nicht „mit Vollpension" kalkuliert. Genau so ist es umgekehrt: Im Restaurant Butterbrote auspacken, die man selbst mitgebracht hat, ist schlicht und ergreifend unverschämt, und man darf sich dann nicht wundern, wenn man rausfliegt. Und laut reden oder mitten in der Nacht die Musik oder den Fernseher laut aufdrehen, das geht auch nicht – das kann man zuhause wegen der Nachbarn ja auch nicht. Das müsste eigentlich klar sein. Aber es gibt noch ein paar „specials"!

De Hutellbar

Et jitt kaum en Hutell ohne Bar, weil hä für vill Jäß dä Ort es, wo mer dä Daach usklinge liet. Do kann et sehr unanjenehm sin, wenn ener – udder sojar en janze Clique – üvver dä Doosch drinke deit un en laute Party los jeht. Janz unmöchlich es natürlich, wenn mer esu vill drinke deit, dat et Ovendesse noch ens zoröck kütt. Deswäje sollt mer zumindest en dä Hutellbar nur mäßich Alkohol drinke. Un noch en wichtije Rejel: De Zigge, en denne en Frau, de allein en dä Hutellbar sitzt, „op Männerfang" es, sin allt lang vürbei (sufän et de Zigge üvverhaup ens jejovve hät). Nett schwaade, wenn sich de Jeläjeheit erjitt, jet zosamme drinke – dat es all en Odenung. Ävver nie met bellije Anmachsprüch kumme, weil mer denk, dat dat Frauminsch suwiesu nur „dat Ene" will un och ens en „nä" akzeptiere – jenau wie em normale Levve och. Ömjedrieht es keine Mann dozo verpflichtet en Frau, de allein en dä Hutellbar es, op ene Drink enzolade – kann mer maache, muss mer ävver nit.

Et Personal

Et es eijentlich selvsverständlich, weed ävver trotzdem immer widder verkeet jemaht: Dat Hutellpersonal es zwar dofür do, dä Aufenthalt esu anjenehm wie möglich ze jestalte – dat es denne ihre Job – ävver deswäje sin et kein „Sklave",

Die Hotelbar

Es gibt kaum ein Hotel ohne Bar, da sie für viele Gäste der Ort ist, wo man den Tag ausklingen lässt. Da kann es sehr unangenehm sein, wenn einer – oder sogar eine ganze Clique – über den Durst trinkt und eine laute Party veranstaltet. Ganz unmöglich ist natürlich, wenn man so viel trinkt, dass das Abendessen noch einmal zurück kommt. Deswegen sollte man zumindest an der Hotelbar nur mäßig Alkohol trinken. Und noch eine wichtige Regel: Die Zeiten, in denen eine Frau, die allein an der Hotelbar sitzt, „auf Männerfang" ist, sind schon längst vorbei (sofern es die Zeiten überhaupt einmal gegeben hat). Sich nett unterhalten, wenn sich die Gelegenheit ergibt, etwas zusammen trinken – das ist alles in Ordnung. Aber nie mit billigen Anmachsprüchen kommen, weil man denkt, dass die Frau sowieso nur „das Eine" will und auch mal ein „nein" akzeptieren – genauso wie im normalen Leben auch. Umgekehrt ist kein Mann dazu verpflichtet eine Frau, die allein in der Hotelbar ist, auf einen Drink einzuladen – kann man machen, muss man aber nicht.

Das Personal

Es ist eigentlich selbstverständlich, wird aber trotzdem immer wieder falsch gemacht: Das Hotelpersonal ist zwar dafür da, den Aufenthalt so angenehm wie

ze denne mer unfründlich sin darf udder de mer sujar anschnauze kann. En berechtigte Beschwerde kann mer och höflich un fründlich vürdrage. Eetstens. Un zweitens: Et sin Minsche un kein Hellseher! Wemmer en Allerjie hät udder zwei Handdöcher mieh han will, dann muss mer dat dä Lückcher schon sage, un se wäde alles dun, öm unsere Wunsch ze erfülle. Ävver vürussetze, dat de wesse, dat mer jäje Nöss udder sönsjet allergisch es, kann mer nun wirklich nit, un dann es et unfair ze schänge, wenn uns persönliche Eijenaate nit berücksichtigt wäde. Koot: Wä clever es un wirklich jode Service han will, dä schwaad mem Personal un es dobei fründlich. Dann kritt mer miehstens och mieh wie „Deens noh Vörschreff".

möglich zu gestalten – das ist deren Job – aber deswegen sind sie keine „Sklaven", zu denen man unfreundlich sein darf oder die man sogar anschnauzen kann. Eine berechtigte Beschwerde kann man auch höflich und freundlich vortragen. Erstens. Und zweitens: Es sind Menschen und keine Hellseher! Wenn man eine Allergie hat oder zwei Handtücher mehr haben will, dann muss man das dem Personal schon sagen, und sie werden alles tun, um unsere Wünsche zu erfüllen. Aber vorauszusetzen, dass sie wissen, dass man gegen Nüsse oder sonst etwas allergisch ist, kann man nun wirklich nicht, und dann ist es unfair zu schimpfen, wenn unsere persönlichen Eigenarten nicht berücksichtigt werden. Kurz: Wer clever ist und einen wirklich guten Service haben will, der unterhält sich mit dem Personal und ist dabei freundlich. Dann bekommt man meistens auch mehr wie „Dienst nach Vorschrift".

14. Mem Hot en dä Hand kütt mer durch et janze Land: Richtig jröße.

Wä höflich es, deit jröße. Ävver jläuv nit, dat dat esu einfach es! Eren kumme un „Hallo, wie jeht et" sagen es zwar villeich fründlich jemeint, ävver nit unbedingt höflich. Weil, eijentlich es dat jo geloge – udder interessiert et üch wirklich, wie et dem Här Jineraldirektor udder dä Frau Schmitz aktuell esu jeht? Dobei es richtig jröße janit esu schwer:

- Dä Niedrijere jröß dä Hühtere
- Dä Jüngere jröß dä Äldere
- Dä Här jröß de Dame

Dä! Wemmer dat drop hätt, kann allt nit mieh allzovill passeere. Jetz kütt noch jet für Spezialiste: Wä stellt denn jetz wen zoeets vür?
Wemmer beispielsweis op ener Party es un usser dem Jastjeber kein Sau kennt, dann es mer fruh, wemmer paar Lückcher vürjestellt kritt. Och dobei jitt et Rejele: Mer stellt dä Ranghühtere dem Rangniedrijere, dä Äldere dem Jüngere, dä usländischen Jast dem einheimische (also dem Jung us Düsseldorf immer dä Kääl us Kölle vürstelle!), de Dame dem Här un dem, dem dä allt do es, dä neu dozojekummene Jast vür. Wat bei solche Jelejenheite janit jeht sin Spillcher,

14. Mit dem Hut in der Hand kommt man durch das ganze Land: Richtig grüßen.

Wer höflich ist, der grüßt. Aber glaubt nicht, dass das so einfach ist! Herein kommen und „Hallo, wie geht es" sagen, ist vielleicht freundlich gemeint, aber nicht unbedingt höflich. Weil es ja eigentlich gelogen ist – oder interessiert es euch wirklich, wie es dem Herrn Generaldirektor oder der Frau Schmitz aktuell so geht? Dabei ist richtig grüßen gar nicht so schwer:

- Der Niedrigere grüßt den Höheren
- Der Jüngere grüßt den Älteren
- Der Herr grüßt die Dame

Wenn man das befolgt, kann schon nicht mehr allzu viel passieren. Jetzt kommt noch etwas für Spezialisten: Wer stellt denn jetzt wen zuerst vor?
Wenn man beispielsweise auf einer Party ist und außer dem Gastgeber niemand kennt, dann ist man froh, wenn man ein paar Leute vorgestellt bekommt. Auch dabei gibt es Regeln: Man stellt den Ranghöheren dem Rangniederen, den Älteren dem Jüngeren, den ausländischen Gast dem einheimischen (also dem jungen Mann aus Düsseldorf immer den jungen Mann aus Köln vorstellen), der Dame den Herrn und dem, der schon da ist, den neu dazu gekommenen Gast

wemmer singe Name sagen soll: „Minge Name es Pütz, Schäng Pütz". Sujet darf nur dä lejendäre Jeheimagent 007. Un wer sät „Ich ben dä Franz us Flittard" muss domet rechne, dat hä „Och! Nit dä Anton us Tirol?" zor Antwoot kritt. Et Einfachste es, ohne irjendwelche Spillcher un Schnörkelcher, singe Vor- un Zoname ze sare. Do mät mer nix verkeet.

„Darf ich Do für Sie sagen?"

Dat met dem „Do" es och noch jet, wo einije Fettdöppcher lauere. Och he jilt, dat dä Hühtere dem Niedrijere et „Do" anbed un dä Äldere dem Jüngere. Hückze-daachs süht mer dat all nit mieh jrad esu eng, ävver et jitt schon Momente, en denne mer dodrövver nohdenke sollt, ob dat „Do" wirklich esu jot es. Zom Beispill, wenn dä äl-dere Här Direktor singer junge, attraktive Se-

vor. Was bei solchen Gelegenheiten gar nicht geht sind Spielchen, wenn man seinen Namen nennen soll: „Mein Name ist Pütz, Johann Pütz". So etwas darf nur der legendäre Geheimagent 007. Und wer sagt: „Ich bin der Franz aus Flittard" muss damit rechnen, dass er „Och! Nicht der Anton aus Tirol?" als Antwort erhält. Das Einfachste ist, ohne irgendwelche Spielchen und Schnörkeleien, seinen Vor- und Zunamen zu nennen. Da macht man nichts falsch.

„Darf ich Du zu Ihnen sagen?"

Das mit dem „Du" ist auch noch was, wo einige Fettnäpfchen lauern. Auch hier gilt, dass der Höhere dem Niederen das „Du" anbietet und der Ältere dem Jüngeren. Heutzutage sieht man das alles nicht mehr gerade so eng, aber es gibt Momente, in denen man darüber nachdenken sollte, ob das „Du" wirklich so gut ist. Zum Beispiel, wenn der ältere Herr Direktor seiner jungen, attraktiven Sekretärin das „Du" anbietet – das könnte auch heute noch für Getuschel sorgen. Manchmal ist es auch gut darauf zu achten, wo man sich gerade bewegt: In der Medienbranche ist das „Du" geradezu obligatorisch, aber wenn

kretärin et „Do" anbed – dat künnt och hück noch für Jetuschel sorje. Manchmol es et och jot dodrop ze achte, wo mer sich jrad bewäch: En dä Medienbranche es dat „Do" zom Beispill janz normal, ävver wemmer bei enem Jeschäftsesse met Bänkern udder bei nem stiefstaatse Kunde es, sollt mer zweimol üvverläje, bevür mer „Do" sät. Wat tireck zom nächste Punkt führt:

Wat soll mer met dä Lück schwaade?

Koot un knapp: Mer kann üvver fast alles schwaade, usser üvver sich selvs, üvver Jerüchte udder üvver Saache, de dem Jäjeüvver offensichtlich unanjenehm sin. „Klassiker", met denne mer fast nix verkeet maache kann, sin:

- Wedder
- Steckepääd
- Urlaub
- Sport
- Kulturelle Veranstaltungen
- Kunst
- Literatur
- Musik

man bei einem Geschäftsessen mit Bänkern oder bei einem etwas steifen Kunden ist, sollte man sich zweimal überlegen, bevor man „Du" sagt. Was direkt zum Punkt führt:

Was soll man mit den Leuten reden?

Kurz und knapp: Man kann über fast alles reden, außer über sich selbst, über Gerüchte oder über Sachen, die dem Gegenüber offensichtlich unangenehm sind. „Klassiker", mit denen man fast nichts falsch machen kann, sind:

· Wetter
· Hobbys
· Urlaub
· Sport
· Kulturelle Veranstaltungen
· Kunst
· Literatur
· Musik

Ävver och dobei muss mer oppasse, dat mer nit ze alljemein weed: Mer kann beispillsweis offen sagen, dat mer Fan vum 1. FC Kölle es. Ävver dann ze sare, dat all Bayern-Fans arrogant sin, jeht janit. Weil, ühre Jesprächspartner künnt jo zofällig Bayern-Fan sin. Also: Private Meinungen, de villeich verfänglich wäde künnte, immer für sich behalde.

Aber auch dabei muss man aufpassen, dass man nicht zu allgemein wird: Man kann beispielsweise offen sagen, dass man Fan vom 1. FC Köln ist. Aber dann zu sagen, dass alle Bayern-Fans arrogant sind, geht gar nicht. Weil, ihr Gesprächspartner könnte ja zufällig Bayern-Fan sein. Also: Private Meinungen, die vielleicht verfänglich werden könnten, immer für sich behalten.

15. De Frau, dat unbekannte Wesen

Maache mer us nix vür: De kölsche Mädche sin nur su lang et „schwache Geschlecht", wie et darüm jeht, Bier- un Wasserkäste en dä Keller ze schleppe. Ävver sünst es dat „schwache Geschlecht" janz schön stark. Ob et nu de Stadtgründerin Julia Agrippina de Jüngere, de hellije Ursula udder hückzedaachs Alice Schwarzer un Elke Heidenreich sin – starke Fraulück hatte in Kölle allt immer de Botze an. En Saach, an dem noch nit ens de katollische Kirch – de ansöns immer jet ze sagen hätt em kölsche Alltag – jet ändere kunnt.

Wer sich jetzt allerdings keifende Wiever vürstellt, dä es mächtig om Holzweg. De Kölsche Fraulück wesse de Waffen ener Frau enzesetze un se ungerschede sich eigentlich nur en ener Saach vun dä andere Fraulück – se sin selvbewusster. „Denn mir sin kölsche Mädcher, han Spetzebötzjer an, mer lossen uns nit dran fummele, mer lossen keiner dran", heißt et en enem bekannte kölsche Leed. Villeich nit jrad dat, wat sich Allice Schwarzer für en Hymne vun dä Frauenbewegung jedaach hät, ävver eijentlich es dat Leed doch Emanzipation pur. Wobei dat in Kölle nie en jroße Roll jespeelt hätt. Janz enfach, weil de kölsche Fraulück allt immer emanzipiert woren! In dä typisch „kölsche Familich" jilt „dä Pap" als Ernährer un „letze Instanz" zwar als Familijeoberhaup, ävver hinger de Kulissen es et „de Mamm", de dat janze emotional un organi-

15. Die Frau, das unbekannte Wesen

Machen wir uns nichts vor: Kölnerinnen sind nur so lange das „schwache Geschlecht", wie es darum geht, Bier- und Wasserkästen in den Keller zu schleppen. Aber ansonsten ist das „schwache Geschlecht" in Köln ganz schön stark! Ob es nun die Stadtgründerin Julia Agrippina die Jüngere, die heilige Ursula oder in der heutigen Zeit Alice Schwarzer und Elke Heidenreich sind – starke Frauen spielten in Köln schon immer eine große Rolle. Ein Umstand, an dem nicht einmal die katholische Kirche – ansonsten Dreh- und Angelpunkt im Kölner Alltagsleben – etwas ändern konnte.

Wer sich jetzt allerdings zänkische Amazonen vorstellt, sieht sich gründlich getäuscht. Die Kölnerinnen sind sich ihrer Weiblichkeit durchaus bewusst und unterscheiden sich eigentlich nur in einem Punkt von vielen anderen Frauen – sie sind selbstbewusster. „Denn mir sin kölsche Mädcher, han Spetzebötzjer an, mer lossen uns nit dran fummele, mer lossen keiner dran", heißt es in einem in Köln überaus populären Lied. Vielleicht nicht unbedingt das, was sich Alice Schwarzer als

satorisch zosamme häld, un met dem Ahl määt, wat se will. Wie en de Politik – dä Bundespräsident es schleßlich och dat Oberhaup, ävver tatsächlich rejiert weed woanders.

Et jitt noch e paar Saache, de mer im Ömgang met kölsche Fraulück em Hingerkopp behalde sollt. Dat fängk all bei dä Bejrößung an. Met üvvertrievener Höflichkeit – womöglich noch met enem Handkuss un „Gnädige Frau" als Anred – weed mer höchstens usjelaach, ävver jenausu winnich sollt mer sich betont männlich (um net ze sagen, ne decke Mann makiere) jevve, denn och de Kölsche Fraulück sin alles andere als op de Mungk jefalle un han direk jet dodrop ze sagen. Am beste janz locker, fründlich un natürlich blieve, wemmer e Kölsch Mädche kenne liert – domet jeht et am ehsten.

Apropos! Wer sich en e kölsch Mädche verlurt hät, sollt flöck all gängige „Balzrituale" verjesse. Denn de don et in Kölle nit! Selvs, wenn et sich echt öm di Huus, di Auto, di Pääd udder di Boot handele sollt, en waschechtes Kölsches Mädche kannste domet nit hingerm Ofen hervürholle. „Es jo jot, Jung. Jetz

Hymne der Frauenbewegung gewünscht hätte, aber im Kern ist dieser Liedtext Emanzipation pur. Wobei Emanzipation in Köln nie ein großes Thema gewesen ist. Ganz einfach, weil die Kölnerinnen schon immer emanzipiert gewesen sind! In der klassischen „kölschen Famillich" gilt „dä Pap" als Ernährer und „letzte Instanz" zwar als Familienoberhaupt, aber hinter den Kulissen ist es „de Mamm", die das Ganze emotional und organisatorisch zusammenhält, wobei sie ihren Gatten normalerweise geschickt und mit Charme zu nehmen weiß, um ihre Ziele und Vorstellungen durchzusetzen. Wie in der Politik – der Bundespräsident ist schließlich auch das Staatsoberhaupt, aber tatsächlich regiert wird woanders.

Es gibt noch ein paar Dinge, die man im Umgang mit Kölnerinnen im Hinterkopf haben sollte. Das fängt schon bei der Begrüßung an. Mit übertriebener Höflichkeit – womöglich noch mit Handkuss und „Gnädige Frau" als Anrede – erntet man höchstens Heiterkeitserfolge, aber ebenso wenig sollte man sich betont männlich (um nicht zu sagen machohaft) geben, denn auch die Kölnerinnen sind alles andere als auf den Mund gefallen und haben sofort eine passende Antwort parat. Am besten ganz einfach locker, freundlich und natürlich bleiben, wenn man eine Kölnerin kennen lernt – damit punktet man am ehesten.

krich dich ens widder en!" Un och de coole Anmachsprüche sollt mer flöck
sin losse. „Jung, wat muss do et nüdich han!" Wobei et ejal es, ob mer sexuelle
Abenteuer, Eijenwerbung udder sujar beides nüdich hät, dat ävver och ejal es.
Met soner Sprüch bes de suwieso unge durch. Kölsche Fraulück kannste nur
met ener Saach krieje, nämlich dat bes do selvs.

„De Haupsaach es, et Hätz es jot, nur dodrop kütt et ahn", heß et en enem
bekannte Karnevalsleed. Un wat dat anjeht, weedste op Hätz un Niere gepröf.
Do hilp kein Traumhuus, un do kannste dich och nit hinger e paar Spröch
verstecke, do muss mer durch. Hürt sich komplezet an, ävver op dä angere
Sick – wemmer de Test besteht, bruchste weder Traumhüser noch coole
Spröch, öm all Trümpf en dä Hangk ze han.

Ävver selvs wenn dat geklapp hätt, jitt et noch e paar Fettdöppcher, de mer
uslosse sollt. De Geschichte vom „Heimchen am Herd", sollt mer flöck ver-
jesse, wemmer met nem Kölsche Mädche zosamme es. Weil, dat klapp nit!
„Drinnen waltet die züchtige Hausfrau, die Mutter der Kinder", deit et viel-
leich bei Schiller, ävver bei dä lebenslustige, freiheitsliebende kölsche Wiever
es dat genetisch nit vürjesin ... Natürlich hält se als „Mamm" de Familich zo-
samme un kümmert sich liebevoll öm alles, ävver wenn de Pänz em Bett läje,
nemmp se sich selvsverständlich och ens Zick für sich: „Jetz bes do ens dran",

Apropos! Wer sich in eine Kölnerin verliebt hat, sollte schnellstens alle gängigen „Balzrituale" vergessen. Denn die funktionieren in Köln nicht! Selbst wenn es sich wirklich um Ihr Haus, Ihr Auto, Ihr Pferd und Ihr Boot handeln sollte, eine waschechte Kölnerin werden Sie damit kaum beeindrucken können: „Ist ja gut, Junge. Jetzt krieg dich wieder ein!" Und auch coole Anmachsprüche sollten Sie tunlichst vermeiden. „Junge, was musst du es nötig haben!" Wobei es Ihrer Phantasie überlassen bleibt, ob Sie nun sexuelle Abenteuer, Eigenwerbung oder sogar beides nötig haben, was letztendlich aber auch egal ist: Bei dieser Antwort sind Sie so oder so durchgefallen. Kölnerinnen können Sie nur mit einer einzigen Sache tatsächlich beeindrucken, und das sind Sie selbst.

„De Haupsaach es, et Hätz es jot, nur dodrop kütt et ahn", heißt es in einem bekannten Karnevalslied. Und was das anbetrifft, werden Sie gnadenlos getestet. Da rettet Sie kein Traumhaus und Sie können sich auch nicht hinter irgendwelchen Sprüchen verstecken, da muss man durch. Klingt schwierig, aber auf der anderen Seite – wenn dieser Test zur Zufriedenheit ausfällt, brauchen Sie weder Traumhäuser noch coole Sprüche, um alle Trümpfe in der Hand zu haben.

Aber selbst wenn das geklappt hat, gibt es noch einige Fettnäpfchen, die man elegant umgehen sollte. Die Geschichte vom „Heimchen am Herd" sollte man schleunigst vergessen, wenn man mit einer Kölnerin zusammen ist. Das klappt nicht! „Drinnen waltet die züchtige Hausfrau, die Mutter der Kinder" funktio-

heißt et dann, „dat sin schließlich och ding Pänz un wenn do met dinge Fründe nohm Foßball jehst, dann han ich och dat Rääch, ens jet met minge Fründinne ze ungernemme." Versöck et eets janit, se dovun afzehalde ... Un mer sollt sich och glich dran gewenne, dat Kölsch drenke in Kölle kein reine Männersach es, un Flirten ze dä lässliche Sünden jehürt. Koot: Jet konservative Jeister sollte sich vielleich en Schwaben noh ener Frau umluure, ävver wer „Levve un levve losse" ze singem Motto gemät hät, fingk en enem kölsche Mädche de ideale Frau.

niert vielleicht bei Schiller, aber bei den lebenslustigen, freiheitsliebenden Kölnerinnen ist das genetisch nicht vorgesehen ... Natürlich hält sie als „Mamm" die Familie zusammen und kümmert sich liebevoll um alles, aber wenn die Kinder im Bett sind, nimmt sich eine Kölnerin völlig selbstverständlich auch einmal Zeit für sich: „Jetzt bist du mal dran", heißt es dann, „das sind schließlich auch deine Kinder und wenn du mit deinen Freunden zum Fußball gehst, dann habe ich auch das Recht, etwas mit meinen Freundinnen zu unternehmen." Versuchen Sie erst gar nicht, sie davon abzuhalten ... Und man sollte sich auch gleich daran gewöhnen, dass Kölsch trinken in Köln keine reine Männersache ist und flirten zu den lässlichen Sünden gehört. Kurz: Etwas konservativere Geister sollten sich vielleicht in Schwaben nach einer Frau umschauen, aber wer „Leben und leben lassen" zu seinem Motto erkoren hat, findet in einer Kölnerin die ideale Frau.

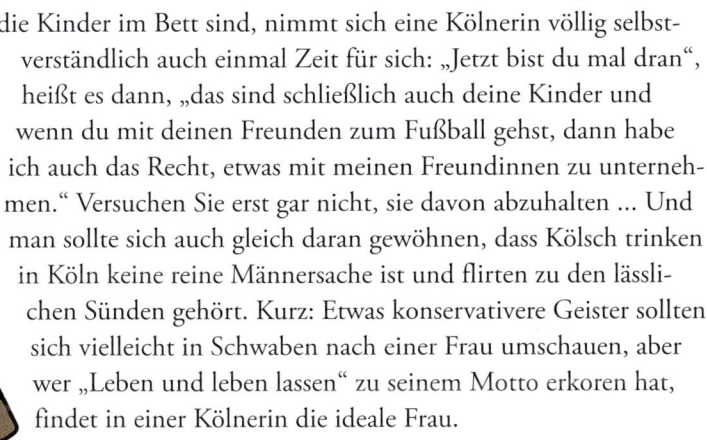

16. En unsrem Veedel

Zo dä Eijenaate vun denne Kölsche jehürt, dat se met ihrer Stadt zwar Dom un Rhing verbinge, ävver dat sin eher Symbole – et echte Kölle es nit de Innestadt, sondern dat sin de Veedel. Für jede Kölsche es si Veedel su en Aat „erweitertes Wonnzemmer", he spillt sich „et richtije Läve" aff. Für Lück, de neu en Kölle un neu em Veedel sin, es dat nit immer einfach, un et jitt e paar Saache, op de mer achte sollt.

Dä Kölsche an sich es seßhaft, un wenn hä irjendjet noch leever hät wie sing Stadt, dann es dat si Veedel. Ene Ömzoch – un sei et nur vun Neppes noh Iehrefeld – kütt nur en dä jrößte Nut en Froch. Un esu kütt et, dat sech de miehste Lück em Veedel all zig Jahrzehnte kenne, mer es zosamme en de Schull jejange udder levv zomindest zick Minschejedenke Dür an Dür. Un esu es mer entweder huhoffiziell per Do udder mer sprich sich met dem sujenannte „Kassiererinnen-Sie" an: „Frau Schmitz, künntst do mir jrad ens helpe?" Et wör ene jroße Fähler, dat jenau esu ze maache, wenn mer neu em Veedel es, sujet jilt als opdringlich un weed nit jän jesinn. Deshalv: Beim „Sie" blieve! Och en dä Kneip, wo all andere zom Weet janz selvsverständlich „Jupp" un „Do" sagen. Fröher udder später (miehstens jet später, de Kölsche bruche ehr Zick)

16. In unserem Viertel

Zu den Eigenarten der Kölner gehört, dass sie mit ihrer Stadt zwar Dom und Ring verbinden, aber das sind eher Symbole – das echte Köln ist nicht die Innenstadt, sondern das sind die Viertel. Für jeden Kölner ist sein Viertel so eine Art „erweitertes Wohnzimmer", hier spielt sich „das richtige Leben" ab. Für Leute, die neu in Köln und neu im Viertel sind, ist das nicht immer einfach, und es gibt ein paar Sachen, auf die man achten sollte.

Der Kölner an sich ist seßhaft, und wenn er noch irgendwas lieber hat als seine Stadt, dann ist es sein Viertel. Ein Umzug – und sei es nur von Nippes nach Ehrenfeld – kommt nur in der größten Not in Frage. Und so kommt es, dass sich die meisten Leute im Viertel schon seit Jahrzehnten kennen, man ist zusammen zur Schule gegangen oder lebt zumindest seit Menschengedenken Tür an Tür. Und so ist man entweder hochoffiziell per Du oder man spricht sich mit dem sogenannten „Kassiererinnen-Sie" an: „Frau Schmitz, könntest du mir gerade mal helfen?" Es wäre ein großer Fehler, das genau so zu machen, wenn man neu im Viertel ist,

weed dä eetste „Enjeborene" op dich
zokumme un dich janz selvsver-
ständlich duze. Dann häste et je-
schaff un bes en de Jemeinschaff
opjenomme.

Un – maach nit dä Fähler un bliev
en ding eijene vier Wängk! Gangk
erus, sök Kontakt zo de Nohbere,
verzäll e bessje, wenn sich de Möch-
lichkeit erjitt. Wä dat nit deit, jilt
flöck als Eijenbrötler udder als
ener, dä de Nas ze huh drät. De
Kölsche sin jesellig, un wä nix ze
verberje hät, sprich met singe Noh-
bere üvver Jott un de Welt.

Anders wie woanders

Wenn do – wie de miehste Kölsche – morjens em Büd-
che ding Zeidung kaufe jehst, wunder dich nit, wenn

so etwas gilt als aufdringlich und wird nicht gern gesehen. Deshalb: Beim „Sie" bleiben! Auch in der Kneipe, wo alle anderen zum Wirt ganz selbstverständlich „Josef" und „Du" sagen. Früher oder später (meistens etwas später, die Kölner brauchen ihre Zeit) wird der erste „Eingeborene" auf Sie zukommen und Sie ganz selbstverständlich duzen. Dann haben Sie es geschafft und sind in die Gemeinschaft aufgenommen.

Und – machen Sie nicht den Fehler und bleiben in ihren eigenen vier Wänden! Gehen Sie raus, suchen Sie Kontakt zu den Nachbarn, unterhalten sich ein wenig, wenn sich die Möglichkeit ergibt. Wer das nicht macht, gilt schnell als Eigenbrötler oder als einer, der die Nase zu hoch trägt. Die Kölner sind gesellig, und wer nichts zu verbergen hat, spricht mit seinen Nachbarn über Gott und die Welt.

Anders wie woanders

Wenn Sie – wie die meisten Kölner – morgens am Kiosk Ihre Zeitung kaufen, dann wundern Sie sich nicht, wenn plötzlich irgend ein Mann rein gelaufen

plötzlich irjendsene Kääl erenjelaufe kütt, sich ene „Express" udder sönsjet schnapp un dann widder fott es, ohne ze latze. Dat es keine dreiste Dieb, sondern ener us dä Nohbarschaff, dä en dem Büdche allt zick Johre Kunde es, et ielich hät un sing Saache halt jet späder bezahlt. Un weil hä halt zick Johre jeden Daach et selve käuf, bruch dat och keiner anzeschrieve, weil, dä Betrag es suwiesu klor. Versök bloß nit, dat nohzemaache!

Jenau esu fällt op, dat em Veedel Autos em Parkverbot ston künne un et kei Knöllche jitt, obwohl dä Schupo jrad vürbei kütt un zwei Autos wigger och Knöllcher verdeilt. Och he jilt: Mer kennt sich! Wat ene richtije kölsche Schupo es, dä kennt sing Lück em Veedel, kennt de Autos, de se fahre un weiß, dat mer de Pänz vun dä

kommt, sich eine „Express" oder sonst etwas schnappt und dann wieder verschwindet, ohne zu bezahlen. Das ist kein dreister Dieb, sondern einer aus der Nachbarschaft, der in dem Kiosk schon seit Jahren Kunde ist, es eilig hat und seine Sachen halt etwas später bezahlt. Und weil er halt seit zig Jahren jeden Tag das Gleiche kauft, braucht auch niemand anzuschreiben, weil der Betrag ja sowieso immer klar ist. Versuchen Sie bloß nicht, das nachzumachen!

Genauso wird Ihnen auffallen, dass im Viertel Autos im Parkverbot stehen können und keinen Strafzettel bekommen, obwohl der Polizist gerade vorbei kommt und zwei Autos weiter auch Strafzettel verteilt. Auch hier gilt: Man kennt sich! Wer ein richtiger Polizist ist, der kennt seine Leute im Viertel, kennt die Autos, die sie fahren und weiß, dass man die Kinder von der Schule abholt oder nur mal eben schnell Brötchen kaufen muss. Und da drückt er halt auch mal ein Auge zu. Aber bei fremden Autos oder Leuten, die er nicht kennt, sollte man sich darauf besser nicht verlassen!

Schull holt udder nur ens flöck Brütcher kaufe es. Un dann dröck hä halt och ens e Aug zo. Ävver bei fremde Autos udder Lück, de hä noch nit kennt, sollt mer sich dodrop besser nit verlosse!

Wie jesaat: En ihrem Veedel sin de Kölsche unger sech un dementsprechend läuf et do häufig wie en enem Dorf af. Do kütt mer nit esu leich eren. Deshalv es de wichtigste Rejel och, Jedold zo bewahre, fründlich un offe ze sin un metzomaache, wenn irjendsjet loss es. Irjendswann jrößt mer dich mem Nome, lät unjefrooch de Zeidung udder de Brütcher op de Thek – koot, mer hät dich un ding Jewohnheite kenne jeliert un dich opjenomme.

Wie gesagt: In ihrem Viertel sind die Kölner unter sich und dementsprechend läuft es da häufig wie auf einem Dorf ab. Da kommt man nicht so leicht rein. Deshalb ist die wichtigste Regel auch, Geduld zu bewahren, freundlich und offen zu sein und mitzumachen, wenn irgendwo etwas los ist. Irgendwann grüßt man Sie mit Namen, legt Ihnen ungefragt ihre Zeitung oder die Brötchen auf die Theke – kurz, man hat Sie und Ihre Gewohnheiten kennen gelernt und Sie aufgenommen.

17. Samstagovends

Fußball em Eetste

Trotz all dä Jleichberechtigung un Emanzipation dä Fraulück jitt et se noch – de kleinen Nischen, en dä sich Männer esu richtig uslevve künne, zom Beispill samstagsovends bei dä Sportschau em Eetsten.

Dann es Usnahmezostand – denn während dä Sportschau löf, es dä Mann dä Chef üvver Fernsehapparat un Fernbedienung. Dat es och de Zick, en dä de Frau sehr nachsichtig met erem Mann sin sollt. Un wenn se ene ganz leev hät, dann mät se sujar foljendes:

Fußball im Ersten

Trotz all der Gleichberechtigung und Emanzipation der Frauen gibt es sie noch – die kleinen Nischen, in denen sich Männer so richtig ausleben können, zum Beispiel samstagabends bei der Sportschau im Ersten.

Dann herrscht Ausnahmezustand – denn während der Sportschau ist der Mann der Chef über Fernsehapparat und Fernbedienung. Das ist auch die Zeit, in der die Frau sehr nachsichtig mit ihrem Mann sein sollte. Und wenn sie ihren Mann wirklich liebt, dann macht sie sogar folgendes:

Spätestens eine halbe Stunde vor Beginn der Sportschau eine mit Liebe zubereitete Mahlzeit servieren. Um die mentale Spielvorbereitung des Mannes nicht zu stören, empfiehlt es sich, diese schweigend zu servieren.

Spätestens en halv Stund vür Beginn vun dä Sportschau en met Liebe je-schmierte Botterram serviere. Öm dä Mann nu janit en singer mentalen Spiel-vürbereitung zo stüre, sollt mer möglichst de Schnüss halde beim Servieren.

Während de Sportschau löf, sich bloß nit em Zimmer ophalde. En dä Poose dann flöck ens nohm Rechte loore, dobei jilt als besundere Liebesbeweis, wem-mer de leere Bierflasche durch volle ustuusche. Bei Bedarf kammer em noch e paar Salzstange hinleje, wobei dat Raschele met dä Tüte verbodde es.

Während dä Sportschau darf me op ja keine Fall irjendjet maache, wat dä Mann aflenke künnt, wie zom Beispill heftijes Bützen. Opjeplusteter Klamotte, de dä Mann rösisch maache künnt, bloß nit antrecke.

Bloß nit froge!

Sollt dä Mann en singer Jroßmut dä Frau ens jestatten, de en udder angere Mi-nute ene Bleck op dat Spill vum 1. FC Kölle zo werpe, sin Froge, de zeije künnt, dat mer kein Ahnung hätt, wie zom Beispill: „Wat es denn Abseits?" nachsichtig zo behandele. Auch Bemerkungen wie „Wat mät dann en Geis em Stadion?" kumme och nit so jot an.

Während der Sportschau den Aufenthalt im Fernsehzimmer tunlichst vermeiden. In den Werbepausen besteht dann ein kurzes Betretungsrecht, um nach dem Rechten zu schauen, dabei gilt es als besonderer Liebesbeweis, die leeren Getränkeflaschen durch volle Flaschen zu ersetzen. Bei Bedarf können dann noch diverse Knabbereien gereicht werden, wobei das Rascheln mit den Tüten tunlichst zu vermeiden ist.

Während der Sportschau sind jegliche Handlungen, die zur Ablenkung des Mannes vom Spielgeschehen führen könnte, wie zum Beispiel heftiges Küssen, untersagt. Aufreizende Kleidung, die beim Mann das Verlangen nach bestimmten Handlungen auslösen könnte, bitte vermeiden.

Keine Fragen stellen!

Sollte der Mann in seinem Großmut der Frau gestatten, die eine oder andere Minute einen Blick auf die Spielübertragung des 1. FC Köln zu werfen, sind Fragen, die den fußballtechnischen Intellekt der Frau verraten würden, wie zum Beispiel „Was ist denn Abseits?" nachsichtig zu behandeln. Auch Bemerkungen wie „Was macht denn eine Ziege im Stadion?" kommen nicht so gut an.

Net ligge!

Wenn dä FC gewinnt, dann freu dich unbedingt met, laach, bütz dinge Mann. Sag, wat dä FC für ne dolle Verein es. Sollt dä FC jedoch ens verliere, dann hald bloß de Schnüss – höchstens e sujet wie „Schade" es erlaubt. Kriesch jet met un nemm dinge Mann en dä Ärm.

Fründe en dä Nut

Sollt mer jedoch met ener Frau verhierot sin, de nix an dem janze samstägliche Jedöns fingk, häste immer noch de Möglichkeit, dich met e paar Fründe beim FC Spiel en dä Südkurve ze treffe. De han op jede Fall Verständnis!

Nicht lügen!

Wenn der FC gewinnt, freuen Sie sich unbedingt mit, lachen Sie, umarmen Sie ihren Schatz. Stimmen Sie ein Loblied auf den FC an. Sollte der FC jedoch verlieren, so geben Sie auf keinen Fall Kommentare ab – höchstens ein „Schade" ist erlaubt. Trauern Sie sichtlich mit und nehmen Sie Ihren Mann tröstend in den Arm.

Freunde in der Not

Sollte man jedoch mit einer Frau verheiratet sein, die diesen samstäglichen Ritualen nichts abgewinnen kann, besteht ja immer noch die Möglichkeit, sich mit Gleichgesinnten beim FC-Spiel in der Südkurve zu treffen. Die haben auf jeden Fall Verständnis!

18. Nit nur für Imis: Kölle em Fasteleer

HELAU!

Et jitt winnich Saache, de en Kölle esu ähnz jenomme weede wie dä Spaß! Un vun doher jitt et e paar ieserne Rejele, de mer unbedingt beachte sollt, wemmer en Kölle Fastelovend fiere will.

Dat Tabu-Woot

Maache mer uns nix vür: Dat Verhältnis zwesche Kölle un Düsseldorf es unjefähr jenau esu wie zwesche Dütschland un Holland em Foßball. Udder anders usjedröck: Düsseldorf es nit de Nohberstadt, Düsseldorf es och nit Dütschland udder Europa – Düsseldorf es für jede Kölsche ene fremde Planet! Deswäje kann mer och Ärjer krieje, wenn mer em kölsche Fasteleer „Helau" rofe deit – dat sät mer nämlich en Düsseldorf, während et en Kölle „Alaaf" heiß. Jede Kölsche jeht dovun us, dat „Alaaf" zomindest en Dütschland weltberühmt es, un vun doher es „Helau" en Kölle en jezielte Provokation ...

Och Suffe muss mer künne

Wer sich en Kölle (nit nur em Fasteleer) unbeliebt maache will, dä

18. Nicht nur für Neukölner: Kölner Karneval

Es gibt wenige Sachen, die in Köln so ernst genommen werden wie der Spaß! Und von daher gibt es ein paar eiserne Regeln, die man unbedingt beachten sollte, wenn man in Köln Karneval feiern will.

Das Tabu-Wort

Machen wir uns nichts vor: Das Verhältnis zwischen Köln und Düsseldorf ist ungefähr genauso wie zwischen Deutschland und Holland im Fußball. Oder anders ausgedrückt: Düsseldorf ist nicht die Nachbarstadt. Düsseldorf ist auch nicht Deutschland oder Europa. Düsseldorf ist für jeden Kölner ein fremder Planet! Deswegen kann man auch Ärger bekommen, wenn man im Karneval „Helau" ruft – das sagt man nämlich in Düsseldorf, während es in Köln „Alaaf" heißt. Jeder Kölner geht davon aus, dass „Alaaf" zumindest in Deutschland weltberühmt ist, und von daher ist „Helau" in Köln eine gezielte Provokation.

Auch Trinken will gelernt sein

Wer sich in Köln (nicht nur im Karneval) unbeliebt machen

bruch nur fröhlich jede Rund met ze drinke, de usjejovve weed, ohne selvs ens en Rund ze latze. Dat jeht janit! Un „Kniesbüggel" es dann noch et fründlichste, wat mer ze hüre kritt.

Wemmer noh paar Kölsch plump vertraulich weed, mät mer sich och nit jrad Fründe – de Kölsche sin zwar offen un jesellig, ävver en jewesse Distanz es trotzdem anjebraat. Et sei denn, mer es met singem Jäjeövver tatsächlich allt zig Johre jot Fründ. Wä ävver ens ene üvver dä Doosch drink, kann immer met Verständnis rechne, weil, dat es menschlich un jedem allt ens passeet. Wie et schon em Eid vun dä „Rute Funke" heiß: „Will so vill suffe wie d'r Magen ohn Biesterei kann jot verdrage". Et sei denn, mer fängk an ze stänkere udder „pack et Fröhstück noch ens erus" – dat es dann och denne Kölsche zovill.

Nit an de Fott john!

Em Fasteleer es zwar alles noch jet lockerer, als et en Kölle suwiesu allt es, ävver wer denkt, dat hä noh nem Zwei-Minutte-Flirt allt anpacke darf, es om Holzwäch. Jot, et muss allt schlimm kumme, bevür

will, der braucht nur fröhlich jede Runde mit zu trinken, die ausgegeben wird, ohne selbst einmal eine Runde zu bezahlen. Das geht gar nicht, und „Geizkragen" ist dann noch das freundlichste, was man zu hören bekommt.

Wenn man nach ein paar Kölsch plump vertraulich wird, macht man sich auch nicht gerade Freunde – die Kölner sind zwar offen und gesellig, aber eine gewisse Distanz ist trotzdem angebracht. Es sei denn, man ist mit seinem Gegenüber tatsächlich schon jahrelang befreundet. Wer aber einmal einen über den Durst trinkt, kann immer mit Verständnis rechnen, denn das ist menschlich und jedem schon mal passiert. Wie es schon im Eid der „Roten Funken" heißt: „Will so vill suffe wie d'r Magen ohn Biesterei kann jot verdrage". Es sei denn, man fängt an zu stänkern oder „packt das Frühstück nochmal aus" – das ist dann auch den Kölnern zuviel.

Bloß nicht: Gesäßgrabscherei

Im Karneval ist zwar alles etwas lockerer, wie es in Köln sowieso schon ist, aber wer denkt, dass er nach einem Zwei-Minuten-Flirt schon grabschen darf, ist auf dem Holzweg. Gut, es muss

mer e paar für dä Kopp kritt, ävver wä zom „Föttchesföhler" weed, muss met Verachtung rechne un natürlich domet, dat em de Fraulück en dä Kneip nit mieh met dä Fott anlore. Un dat muss jo nun nit sin. Udder?

Op alle Fälle jän jesin

Op de Lück zojon un fiere, statt muuzich en dä Eck ze sitze un drop ze wade, dat irjendswer op ene zokütt. E jeck Hötche udder en jroße Fleech drare, wemmer kein „jroß Kostüm" hät. Versöke de Fastelovendsleedcher met ze singe, och wemmer kein Kölsch kann udder dä Text nit kennt – leever „La-la-la" singe als wie de Schnüss ze halde. Jot drop sin, statt zom Laache en dä Keller jon, es de Devise.

Wat treck ich an?

Ejal, wat mer für e Kostüm antreck, Haupsach es, mer föhlt sich dodrin wohl. De Ene han de Gladiator met enjestanztem Sixpack leev – de Andere jon lever em rosa Häschekostüm. Ävver opjepass! Bei Janzkörperkostüme hürt dä Spaß op, wenn ene de eijene Schweiß us de Schohn haut. Am beste trick mer vill Sache üvverenander an (dat kütt besunders jot, wemmer durch de Kneipe trick –

schon extrem sein, bevor man eine Ohrfeige bekommt, aber wer sich als „Gesäßgrabscher" outet, muss mit Verachtung rechnen und natürlich damit, dass ihn die Frauen in der Kneipe selbst nicht mehr mit dem Gesäß anschauen. Und das muss ja nun nicht sein. Oder?

Auf alle Fälle gern gesehen

Auf die Leute zugehen und feiern, statt missmutig in der Ecke zu sitzen und darauf zu warten, das irgend jemand auf einen zukommt. Ein verrücktes Hütchen oder eine große Fliege tragen, wenn man kein „großes Kostüm" hat. Versuchen Sie die Karnevalslieder mit zu singen, auch wenn man kein Kölsch kann oder den Text nicht versteht – lieber „Lalala" singen als den Mund zu halten. Gut drauf sein, statt zum Lachen in den Keller gehen, ist die Devise.

Welches Kostüm?

Egal welches Kostüm man wählt, Hauptsache ist, man fühlt sich darin wohl. Die Einen lieben den Gladiator mit eingestanztem Sixpack – die Anderen gehen lieber im rosa Häschenkostüm. Aber aufgepasst: Bei Ganzkörperkostümen hört der Spaß auf, wenn die eigenen Ausdünstugen außer Kontrolle gera-

rin un rus un rin ...). Och empfiehlt et sich an dä jecke Daach feste Schohn anzotrecke, denn söns künnt et passeere, dat enem dä decke Zih nohm Danze en all Färve leucht. Och sollt mer kein jot udder dür Schohn drage, denn hingerher lure de suwiesu ald us.

Schunkeln

Oberstes Gebot em Kölsche Karneval es Schunkele, ejal met wem udder wo. En dä Kneip es immer alles en Bewejung, deshalv kütt et besunders jot an, wemmer allt schunkelnd en de Kneip kütt un met dem Schunkele eets dann ophürt, wemmer widder erusjeht.

ten. Sehr praktisch hingegen sind Kostüme, bei denen man mehrere Sachen übereinander anziehen kann (empfiehlt sich besonders bei Kneipentouren – rein und raus und rein ...). Auch empfielt es sich an den tollen Tagen auf festes Schuhwerk zu achten, denn sonst könnte es passieren, dass der große Zeh nach dem Tanzen in allen Farben leuchtet. Auch sollte man weder neue noch besonders teure Schuhe tragen, denn hinterher sehen die sowieso alt aus.

Schunkeln

Oberstes Gebot im Kölner Karneval ist Schunkeln zu jeder sich bietenden Gelegenheit. In der Kneipe ist immer Bewegung angesagt, daher kommt es auch immer gut an, wenn Sie schon schunkelnd durch die Kneipentür kommen und das Schunkeln erst dann wieder einstellen, wenn Sie die Kneipe wieder verlassen.

Anstohn!

Du häs kein Lust stundenlang vür ener Kneip anzostohn? Jot, dann fahr doch noh Berchheim. Wer sich nit fröh jenoch vür dä anjesagte Kneipen anstellt, dä kütt och nit mieh eren. Un anderswo sieht et och nit vill besser us. Doröm fangk allt en dä Warteschlang an Ramba-Zamba ze maache un fründe dich met dä Lück an. Sollt et dann endlich ens klappe, en de Kneip ze kumme, dann versöck eets janit ene Platz an dä Theke ze krigge, sondern loor dat du tireck op en Bank kühs, de rongseröm an dä Wäng stohn. Nee, nit zom setze, zom Dropstelle sin de do! Sinn un gesinn weede, dat es he dat Motto. Un vun he us hät mer ne wunderbare Üvverblick üvver dä janze Saal – un dat eijene Kostüm kütt endlich och ens zor Jeltung.

Anstehen!

Sie haben keine Lust stundenlang vor einer Kneipe anzustehen? Gut, dann sollten Sie nach Bergheim fahren. Wer sich nicht früh genug vor den angesagten Kneipen anstellt, der kommt auch nicht mehr rein. Und anderswo sieht es auch nicht viel besser aus. Deshalb beginnen Sie die Party schon in der Warteschlange, stimmen Sie Lieder an und freunden sich vor der Tür mit Gleichgesinnten an. Sollten Sie es dann wider Erwarten geschafft haben in die Kneipe reinzukommen, versuchen Sie erst gar nicht einen Platz an der Theke zu finden, sondern steuern Sie direkt einen Platz auf einen der Bänke, die rundum an den Wänden stehen, an. Nein, natürlich nicht zum Sitzen, zum Stehen sind die da! Sehen und gesehen werden, lautet das Motto. Und von hier aus haben Sie einen wunderbaren Überblick über den ganzen Saal – und das eigene Kostüm kommt endlich auch mal zur Geltung.

19. Em kölsche Bräues

Dem kölsche Bräues kütt en janz besondere Bedeutung zo. He triff sich Jung un Ald, Rich un Ärm, Klein un Jroß, Dick un Dünn, Kölsche un Imis! Un en aller Rejel es et e bungk un lustig Meteinander en jeselliger Rund. Trotzdem jilt et e paar Eijenarte un ungeschrievvene Jesetze zo beachte, domet de Stimmung nit kippt un et hingerher Knies jitt. Wemmer sich zom Beispill an dä Thek dozo stellt, su deit mer dat in Kölle nit enfach esu, sondern sät „Hallo" udder de Daachszick. Et jilt och nit als unhöflich, wemmer sich am Klaaf vun dä Lück anjemesse beteiligt. Sturköpp, de de Schnüss nit opkriege, sin nit esu jän jesin. Als unhöflich jilt, wenn am Desch Plätz frei sin, mer ävver nit will, dat sich ener do hinsetzt, weil mer vill levver allein blieve will. Dudsündeähnlich es dä Rof noh dä Bedienung

Dem Kölner Brauhaus kommt eine ganz besondere Bedeutung zu. Hier trifft sich Jung und Alt, Reich und Arm, Klein und Groß, Dick und Dünn, Kölner und Imis! Und in aller Regel ist es ein buntes und fröhliches Miteinander in geselliger Runde. Trotzdem gilt es, einige Eigenarten und ungeschriebene Gesetze zu beachten, damit die Stimmung nicht kippt und es hinterher Streit gibt. Stellt man sich zum Beispiel an der Theke dazu, so tut man dies in Köln nicht wortlos, sondern sagt „Hallo" oder die Tageszeit. Es gilt auch nicht als unhöflich, wenn man sich am Thekengespräch angemessen beteiligt. Sturköpfe, die den Mund nicht aufkrie-

met „Herr Ober" udder „Kellner"! En Kölle heiß dat „Köbes", un se sin de Herrscher üvver de Kölschstange. Mer darf och niemols met dä Fingere schnippe, denn dä Köbes bedent dich eets dann, wenn hä et für richtig hält.

Wenn do ding Schnüss nit halde kanns un unbedingk e Alt bestelle willst, dann kann et passeere, dat mer schon ens „Dat kammer doch keinem Esel en et Uhr schödde" vom Köbes zo hüre kritt.

gen, sind nicht so gerne gesehen. Als unhöflich gilt, wenn am Tisch Plätze frei sind, man aber nicht möchte, dass diese besetzt werden, weil man lieber alleine bleiben möchte. Todsündenähnlich ist der Ruf nach der Bedienung mit „Herr Ober" oder „Kellner"! In Köln heißt das „Köbes", und sie sind die Herrscher über die Kölschstangen. Man darf auch nicht mit den Fingern schnippen, denn der Köbes bedient Sie erst dann, wenn er es für richtig hält.

Sollten Sie doch einmal wider besseren Wissen ein Alt bestellen, dann kann passieren, dass man schon mal „Das kann man doch keinem Esel ins Ohr schütten" vom Köbes zu hören bekommt.

20. Dat eetste Mol

Fröher wor et jo esu, dat Verabredungen zwesche Männ un Fraulück sehr strenge Anstandsrejele hatte. Hückszedaach es dat alles vill lockerer, ävver et jitt trotzdäm e paar Sache, op de mer oppasse sollt.

Nit zo spät un nit zo fröh

Met dä Pünktlichkeit sollt mer beim eetste Date et su halde wie bei enem Vürstellungsjespräch – nit allzo fröh do sin (beim Waade weed mer nämlich unnüdig nervös) un für allem nit ze spät. Schließlich es dä eetste Eindruck wichtig! Sollt doch ens jet dozweesche kumme, jitt mer per SMS udder Anrof Bescheid – später entschuldigt mer sich dann un spendiert e Kölsch.

20. Das erste Mal

Früher war es ja so, dass Verabredungen zwischen Männern und Frauen sehr strengen Anstandsregeln unterlagen. Heutzutage ist das alles viel lockerer, aber es gibt trotzdem noch ein paar Sachen, auf die man achten sollte.

Pünktlich sein

Mit der Pünktlichkeit sollte man es beim ersten Date in etwa so halten wie bei einem Vorstellungsgespräch – nicht allzu früh da sein (beim Warten werden Sie nämlich unnötig nervös) und vor allem nicht zu spät. Schließlich ist der erste Eindruck wichtig! Sollte doch mal etwas dazwischen kommen, geben Sie per SMS oder Anruf Bescheid – später entschuldigen Sie sich dann und spendieren ein Kölsch.

Handy in de Täsch

Beim Date sollt mer all sing Aufmerksamkeit däm Minsch schenke, met demmer sich verafredet hätt. Stell et Handy deshalv vür dem Date op lautlos un loß et bloß en dä Täsch. Wemmer unbedingt singer beste Fründin udder singem beste Fründ verzälle will, wat dat für ne superjeile Ovend wor, dann gangk op de Klo un tipp do flöck en SMS.

Bloß nit üvvertrieve beim Esse

En Frau, de zofriede met sich selvs es, kütt bei dä Männer automatisch jot an. Dat jilt natürlich och em ömjekehrte Fall. Dat fängk allt beim Körperjewicht an. Ejal, ob deck, normal udder dünn, och Gewichtsprobleme un Diäten sin kein jode Themen beim eetste Date. Männer mösse sich nit tireck e XXL-Schnitzel met nem Berch Fritte bestellen – ävver Fraulück, de ne janze Ovend lang an enem Salatblättchen eromkäuje, kumme enem och verdächtig vür.

Handy in die Tasche

Beim Date sollte man alle Aufmerksamkeit der Person schenken, mit der man sich verabredet hat. Stellen Sie Ihr Handy deshalb bereits vor dem Date auf lautlos und lassen es in Ihrer Tasche. Wenn Sie unbedingt Ihre beste Freundin oder Ihren besten Freund über den grandiosen Verlauf des Treffens informieren wollen, dann gehen Sie auf die Toilette und tippen dort schnell eine SMS.

Beim Essen nicht übertreiben

Eine Frau, die zufrieden mit sich ist, wirkt automatisch attraktiver auf Männer. Das gilt natürlich auch im umgekehrten Fall. Das fängt schon beim Körpergewicht an. Egal, ob dick, normal oder dünn, auch Gewichtsprobleme und Diäten sind keine guten Themen beim ersten Date. Männer müssen nicht gleich ein XXL-Schnitzel mit einem Berg Pommes bestellen – aber Frauen, die den ganzen Abend lang nur an einem Salatblatt kauen, kommen einem auch verdächtig vor.

Drink nit zovill

Wie vill Alkohol drinks do, wenn do dich met dinger Mam
zom Esse triffst? E Glas Wing? Jot, dann sollst do et beim
eetste Date jenauesu maache. Wer sich us lauter Nervosität
zovill en dä Kopp schödd, verliert schnell de
Kontrolle un verzällt villeich Jeschichten
für de mer sich hingerher en Jrund un
Boden schame muss.

Nit zo vill von fröhter schwaade

„Wievill Johr wor ding längste Bezie-
hung un woröm es se ussenander je-
jange?" Och wenn do noch esu neugierig
bes – dat soll mer op keine Fall beim
eetste Mol froore, süns wirkt dat schnell
opdringlich. Och wat ding eijene Verjan-
genheit anjeht, sollt mer am besten de

Alkohol in Maßen

Wie viel Alkohol trinken Sie, wenn Sie sich mit Ihrer Mutter zum Essen treffen? Ein Glas Wein? Gut, dann sollten Sie es beim ersten Date genauso machen. Wer aus lauter Nervosität zu viel in sich hinein schüttet, verliert schnell die Kontrolle und erzählt vielleicht Geschichten, für die man sich hinterher in Grund und Boden schämen muss.

Diskret sein, was die Vergangenheit betrifft

„Wie viele Jahre hat deine längste Beziehung gedauert und woran ist sie gescheitert?" Auch wenn Sie noch so neugierig sind – derartiges sollte man auf gar keinen Fall beim ersten Date fragen, sonst wirkt man schnell aufdringlich. Auch was Ihre eigene Vergangenheit angeht, sollte man möglichst diskret sein. Ihr Ex-Freund oder Ihre Ex-Freundin ist kein

Schnüss halde. Dinge alde Fründ udder ding alde Fründin es nu wirklich kein Thema – un wä will schon janit domet verjliche weede.

Dat will keiner wesse

Do kress vun Milcheiweiß Dünnpfiff un vun Ananas kriste Pickel. Och jo, un vür zwei Woche häste en eitrige Mandelentzündung jehat. Wer will dat schon beim eetste Mol wesse? Schließlich sull dich dein Date sexy un bejehrenswert finge. Kein Sorg, wenn hä udder et „The One" es, weed mer et allt fröh jenug merken!

Höflich sin

Do freust dich, wenn ene Mann dir de Tür ophält udder unopjefordert Wasser nohschängk? Jo, un hä freut sich jenausu, wemmer em jäjenüvver aufmerksam un charmant es. Och sicheres Optrete em Restaurant kütt immer jot an. Nemm e Jericht, dat sich einfach esse liet, setz dich oprecht hin, hür jenau zo. Falls dir dein Date jefällt, darfste ruhig e paar Komplimente maache. Dat Date es ene Reinfall? Jetz es et ze spät, öm afzohaue. Vorbeujen es besser – sag tireck schon beim Verafreden, dat du nur en Stond Zick häs – su lang hälstet em Notfall och met mem langweiligen Date us. „Verlängere" kammer immer noch!

Thema – und man will schon gar nicht damit verglichen werden.

Tabuthemen

Sie bekommen von Milcheiweiß Durchfall und Ananas sorgt bei Ihnen für unschöne Pickel. Ach ja, und vor zwei Wochen hatten Sie eine eitrige Mandelentzündung... Wer will das schon beim ersten Mal wissen? Schließlich soll Ihr Date Sie sexy und begehrenswert finden und nicht wehleidig. Keine Sorge, wenn er oder sie „The One" ist, wird man es schon früh genug erfahren!

Höflich sein

Sie freuen sich, wenn ein Mann Ihnen die Tür aufhält oder unaufgefordert Wasser nachschenkt? Ja, und er freut sich genauso, wenn Sie ihm gegenüber aufmerksam und charmant sind. Auch sicheres Auftreten im Restaurant kommt immer gut an. Wählen Sie ein Gericht, das sich einfach essen lässt, setzen Sie sich aufrecht hin, hören Sie aufmerksam zu. Falls Ihnen Ihr Date gefällt, dürfen Sie ruhig ein paar Komplimente machen. Das Date ist ein Reinfall? Jetzt ist es zu spät, die Flucht zu ergreifen. Vorbeugen ist besser – sagen Sie schon beim Verabreden, dass Sie nur eine Stunde Zeit haben – so lange halten Sie es im Notfall auch mit einem langweiligen Date aus. „Verlängern" kann man immer noch!

Nit zo vill verspreche

„Wann sinn mer us widder?" Och wenn do allt beim eetste deefe Bleck en de Auge dich entschieden häs, dat hä dinge Traumprinz udder ding Traumfrau es – et jitt Minsche, de e bißchen Zick bruche, öm Jeföhle ze entwickele. Maach bloß nit ze vill Druck! Un ob dä udder de andere ene leev hätt, un sich noch ens met dir treffe will, merkt mer suwiesu ohn vill Wört.

Sich selvs treu blieve

Jeder möch sich bei dä eetste Verafredung vun singer Schokoladesick zeigen – dat es normal un jehürt sich och esu. Jet anders es et, sich ze verstelle. Dat es anstrengend un bringk nix, denn em beste Fall weed us dem Date dinge Partner udder ding Partnerin. Un wie, öm Himmels Willen, willste em udder her irjendwann beibränge, dat du eijentlich janz anders bes?

Diskret sein, was die Zukunft betrifft

„Werden wir uns wiedersehen?" Auch wenn Sie bereits beim ersten tiefen Blick in seine oder ihre schönen Augen entschieden haben, dass er Ihr Traumprinz oder Ihre Traumfrau ist – es gibt Menschen, die ein wenig Zeit brauchen, um Gefühle zu entwickeln. Setzen Sie Ihr Date also bloß nicht unter Druck! Und ob der oder die andere einen mag, und an einem weiteren Treffen interessiert ist, merkt man meist auch ohne große Worte.

Sich selbst treu bleiben

Jeder möchte sich bei der ersten Verabredung von seiner Schokoladenseite zeigen – das ist ganz normal und gehört sich auch so. Etwas anderes ist es, sich zu verstellen. Das ist anstrengend und bringt nichts, denn im besten Fall wird aus dem Date Ihr Partner oder Ihre Partnerin. Und wie, um Himmels Willen, wollen Sie ihm oder ihr irgendwann beibringen, dass Sie eigentlich ganz anders sind?

Nohdenke, bevür mer zosamme en de Kess jeht

Sex beim eetste Date – jeht udder jeht nit? Dofür jitt et kein alljemeinjültige Rejel. Do hoffst, dat us dinger Verafredung jet längerfristiges weed. Dann sollste dir Zick losse mem eetste Mol. Su kannste dat Knistere un de Vürfreude noch jet länger jenieße! Ävver kein Angst – och Paare, de bereits an erem eetste Ovend zosamme em Bett jelandet sin, sollte schon langfristig mitenander jlöcklich jewoode sin. Benemm dich esu, dat mer sich am nächste Morje noch en de Auge loore kann.

Nachdenken, bevor Sie zusammen im Bett landen

Sex beim ersten Date – erlaubt oder nicht? Dafür gibt es keine allgemeingültige Regel. Sie hoffen, dass aus Ihrer Verabredung etwas Längerfristiges wird? Dann sollten Sie sich Zeit mit dem ersten Mal lassen. So können Sie das Knistern und die Vorfreude noch etwas länger genießen! Aber keine Angst – auch Paare, die bereits an ihrem ersten Abend zusammen im Bett gelandet sind, sollen schon langfristig miteinander glücklich geworden sein. Verhalten Sie sich so, dass Sie sich auch am nächsten Morgen noch in die Augen schauen können.

21. Alle Johr widder . . .

Richtije Ömjangsforme spelle an nem Fest wie Weihnachte en wichtige Roll. Weihnachten es e Fess, dat mer entsprechend dem, wat et bedüg, och würdigt un repräsentiert.

Wat treck ich an?

Es mer op einer betrieblichen Weihnachtsfier enjelade, empfiehlt et sich, Wechselklamotte enzopacke un e ander Jackett udder en andere Krawatt anzotrecke. De Fraulück künne ihr Kleidung met Schmock un Tücher opwerte. Allerdings sollt mer et nit üvvertrieve un op keinen Fall met dem Chressbaum konkurriere. De Kleidung an dem Ovend sullt och zom Beruf passe. Wemmer nit jrad en dä Medienbranche es, kütt es nit jot, plötzlich met enem koote Rock udder ne deefe Dekoltee zo erschinge.

Och Weihnachten zohuus sollt mer möglichst dä Schlabberlock em Kleiderschrank losse. Et muss nit immer e dür Kleid sin – en schicke Jeansbotz un ne nette Pulli don et och. Ävver en jedem Fall sollt sich jeder wohlföhle – un sich nit dä janze Ovend verkleidet vürkumme.

21. Alle Jahre wieder . . .

Korrekte Umgangsformen spielen auch an einem Fest wie Weihnachten eine wichtige Rolle. Weihnachten ist ein Fest, dass man entsprechend seiner Bedeutung, auch würdigt und repräsentiert.

Was zieh ich an?

Ist man auf einer betrieblichen Weihnachtsfeier eingeladen, empfiehlt es sich, Wechselklamotten einzupacken und ein anderes Jackett oder eine andere Krawatte anzuziehen. Die Frauen können ihre Kleidung mit Schmuck und Tüchern aufwerten. Allerdings sollte man es nicht übertreiben und auf keinen Fall mit dem Christbaum konkurrieren. Die Kleidung an diesem Abend sollte auch zum Beruf passen. Wenn man nicht gerade in der Medienbranche arbeitet, empfiehlt es sich nicht, plötzlich mit einem kurzen Rock oder einem tiefen Dekolleté zu erscheinen.

Auch Weihnachten zuhause sollte man möglichst den Schlabberlook im Kleiderschrank lassen. Es muss nicht immer ein teures Kleid sein – eine schicke Jeanshose und ein netter Pulli gehen auch. Aber in jedem Fall sollte sich jeder wohlfühlen – und sich nicht den ganzen Abend verkleidet vorkommen.

Am Weihnachts-Büffet

Jitt et e Büffet bei dä Weihnachtsfier, jilt vür allem de Rejel: Nit schon vürher selvs bedeene, bevür dä Gastjevver dat Büffet eröffnet hät. Och jehürt et sich nit, als Eetster dat Büffet zo stürme, denn su entsteht dä Eindruck, dat mer jierig es – un dat will mer doch sicher nit, udder? Dä Rand vum Teller sollt immer ze sinn sin. Levver öfter john – ävver beim fünfte Mol sollt dann wirklich Schluss sin! Durchenander esse es och nit jrad jern jesehen. He jilt de Rejel: Mer hält sich an de Reihenfolge, en dä e Menü jejesse weed. Dat Büffet es och esu opjebaut. Kalde Vürspeise udder Salate weede vür dä wärm Speise jejesse, donoh Fisch un Fleisch un zom Schluss jitt et Dessert udder Kies.

Tischmanieren

Jeht mer öfter an et Büffet, su jilt de Rejel: Nit met dem selve Teller wed-

Am Weihnachts-Büffet

Gibt es ein Büffet bei der Weihnachtsfeier, gilt vor allem die Regel: Nicht schon vorher selbst bedienen, bevor der Gastgeber das Büffet eröffnet hat. Auch gehört es sich nicht, als Erster das Büffet zu stürmen, denn so entsteht der Eindruck, dass Sie gierig sind – und das wollen Sie doch nicht, oder? Der Rand des Tellers sollte immer zu sehen sein. Lieber mehrmals gehen – aber beim fünften Mal sollte dann wirklich Schluss sein! Durcheinander essen ist auch nicht gerade gerne gesehen. Hier gilt die Regel: Man hält sich an die Reihenfolge, in der ein Menü gegessen wird. Das Buffet wird auch so aufgebaut. Kalte Vorspeisen oder Salat werden vor den warmen Speisen gegessen, danach Fisch und Fleisch und zum Schluss gibt es Dessert oder Käse.

Tischmanieren

Geht man mehrmals ans Büffet, so gilt die Regel: Nicht mit dem selben Teller

der an et Büffet john. Am Büffet hölt mer sich immer neu Geschirr. Dat gleiche jilt och für dat Besteck. De Serviette hängk mer sulang nit övver dä Stuhl, sondern mer laht se links locker nevven dem Besteck. Sollt ens dat Ding eraffalle, fangk bloß nit an unger dä Desch ze kruvve, sondern hol dir en neue Serviett.

Geschenke!

Fraulück un Männ sin nit nur ungerschiedlich, sie denken och esu. Dat wat ene Mann janz toll fingk, jilt für Fraue noch lang nit. Fraue wünschen sich en dä Rejel jet sehr Persönliches. Kleine Tipp an de Männer: Enfach ens zohüre! De Fraue maache vür allem en dä Weihnachtszick vill Andeutungen un jevve Tipps, wat se sich wünschen. Falls enem janix enfalle sollt, kammer immer noch de beste Fründin (natürlich vun dä Frau) froge. Ävver och Fraue künne ens donevve packe. Nit besonders kreativ es et, dem Mann jedes Johr ene neue Duft udder en neue Krawatt ze

wieder zum Büffet zu gehen. Am Büffet wird neues Geschirr geholt. Das gleiche gilt auch für das Besteck. Die Serviette hängt man in der Zwischenzeit nicht über den Stuhl, sondern wird links locker neben das Besteck gelegt. Sollte diese einmal runterfallen, so fangen Sie bloß nicht an unter den Tisch zu krabbeln, sondern holen sich eine neue Serviette.

Geschenke!

Frauen und Männer sind nicht nur unterschiedlich, sie denken auch so. Das was ein Mann als Geschenk ganz toll findet, gilt für eine Frau noch lange nicht. Frauen wünschen sich in der Regel etwas sehr Persönliches. Kleiner Tipp an die Männer: Einfach mal zuhören! Die Frauen machen vor allem in der Weihnachtszeit viele Andeutungen und geben Tipps, was sie sich wünschen. Falls einem gar nix einfallen sollte, kann man immer noch die beste Freundin (natürlich die der Frau) fragen. Aber auch Frauen können mal daneben greifen. Nicht besonders kreativ ist, dem Mann jedes Jahr einen neuen Duft oder eine neue Krawatte zu schenken. Da bieten sich doch eher Geschenke an, die zum Hobby passen, wie zum Beispiel ein Besuch beim FC oder KEC.

schenke. Do bedde sich doch eher Jeschenke an, de zom Hobby passen, wie zom Beispill ene Besuch beim FC udder KEC.

Falls dann doch dat ene udder andere Jeschenk nit jefällt, sollt mer et nit tireck sagen, öm de Stimmung an Hellichovend nit ze versauen, sondern en jünstigere Jelegenheit afwade.

Falls dann doch mal das ein oder andere Geschenk nicht gefällt, sollte man es nicht direkt sagen, um die Stimmung an Heiligabend nicht zu verderben, sondern eine günstigere Gelegenheit abwarten.

22. Ene Besuch em Dom

Eijentlich es et en Selbsverständlichkeit, dat en jedem Joddeshuus Ihrfurch un Demut herrsch un dat jilt janz besonders für dä Kölner Dom. Och wenn Minsche us aller Herren Länder met ungerschiedliche Kulture dä Dom besöke, jitt et doch e paar Rejele, op de mer achte sollt.

Dat fängk allt bei dä Kleidung an, denn zo freizüjije Klamotte wie Badebotz, Bikini-Üvverteil udder Hotpants scheck sich nit für en Kirch. Un dat mer et Handy udder dä MP3-Player usmät, bevür mer en dä Dom jeht, es och klor. Laut durch dä Dom blöke, wenn de Pänz allt widder ens nit hüre, jeht janit – dat jeht och leis. Un Pänz, de dä Dom met enem Abenteuerspillplatz verwechsele un versteckspielend erömtobe, sollte besser nit met en dat Joddeshuus john. Un dann es do noch de Saach met dä Kopfbedeckung: Su vielfältig de Relijone och sin, so ungerschiedlich sin och de Verhaltensrejele en dä Joddeshüser. Em Dom jedoch jilt für all männliche Besöker: Kopfbedeckung eraf!

Wemmer de wenije Rejele beachtet, weed keiner en singer Roh un Andach gestürt, un mer löß dä Dom en Kölle. Un wer et janz besonders jot maache will, dä zündk en Kärz an – mer weiß jo nie, woför et jot es!

22. Ein Besuch im Dom

Eigentlich ist es eine Selbstverständlichkeit, dass in jedem Gotteshaus Ehrfurcht und Demut herrscht und das gilt ganz besonders für den Kölner Dom. Auch wenn Menschen aus aller Herren Länder mit unterschiedlichen Kulturen den Dom besuchen, gibt es doch ein paar Regeln, auf die man achten sollte.

Das fängt bereits bei der Kleidung an, denn zu freizügige Kleidung wie Badehose, Bikini-Oberteil oder Hotpants schickt sich nicht für eine Kirche. Und dass man sein Handy oder den MP3-Player ausmacht, bevor man in den Dom geht, ist auch klar. Laut durch den Dom schreien, wenn die Kinder mal wieder nicht hören, geht gar nicht – das geht auch leise. Und Kinder, die den Dom mit einem Abenteuerspielplatz verwechseln und versteckspielend herumtoben, sollten besser nicht mit in das Gotteshaus gehen. Und dann ist da noch die Sache mit der Kopfbedeckung: So vielfältig wie die Religionen auch sind, so unterschiedlich sind auch die Verhaltensregeln in den Gotteshäusern. Im Dom jedoch gilt für alle männlichen Besucher: Kopfbedeckung abnehmen!

Wenn diese wenigen Regeln beachtet werden, wird niemand in seiner Ruhe und Andacht gestört, und man läßt den Dom in Köln. Und wer es ganz besonders gut machen will, der zündet eine Kerze an – man weiß ja nie, wofür es gut ist!

23. Wat mer en Kölle deit un löß

Et jitt Saache, de nirjendswo opjeschrivve sin, ävver trotzdem wichtig sin, wemmer en Kölle zoräch kumme will...

Niemols „Drecksack" bestelle!

Dat Lieblingsjeтränk vun denne Berchheimer – Bier met Cola, och „Drecksack" jenannt – jilt en Kölle als „Biesterei". Em Bräues kann et passeere, dat dä Köbes sich weijert enem ene „Drecksack" ze bränge.

Dä Köbes met „Här Ober" rofe!

Dä Köbes es en Kölle keine Kellner, sondern en Institution, de ihrerseits Respekt verlangt. Wä ene Köbes „Här Ober" röf, mät em zom „Domestike", un dat es en Beleidijung. „Här Köbes" es übrijens och nit vill besser – dat „Här" wööd als Ironie verstande.

ENE DRECKSACK!

Es gibt Sachen, die nirgendwo aufgeschrieben sind, aber trotzdem wichtig sind, wenn man in Köln zurechtkommen will …

Niemals „Drecksack" bestellen!

Das Lieblingsgetränk der Bergheimer – Bier mit Cola, auch „Drecksack" genannt – gilt in Köln als „Biesterei". Im Brauhaus kann es passieren, dass der Köbes sich weigert einen „Drecksack" zu bringen.

Den Köbes mit „Herr Ober" rufen!

Der Köbes ist in Köln kein Kellner, sondern eine Institution, die ihrerseits Respekt verlangt. Wer einen Köbes „Herr Ober" ruft, macht ihn zum „Domestiken", und das ist eine Beleidigung. „Herr Köbes" ist übrigens auch nicht viel besser – das „Herr" würde als Ironie verstanden.

De „Zeichesproch" nit künne!

En alle Kölsche Bräuesse es et esu, dat mer automatisch e neu Kölsch kritt, wenn et Jlas leer es. Wenn mer jenoch hät, lät mer enfach ene Bierdeckel bovve op dat Jlas, dann weiß dä Köbes Bescheid.

Nie üvver Düsseldorf schwaade!

Düsseldorf es un bliev e Reizthema en Kölle – de Landeshaupstadt steit en Kölle für Stromlinienförmigkeit, Arrojanz un Fassade. Och wenn dat objektiv nit unbedingt esu stemmp – versök eets janit, ene Kölsche vum Jäjedeil zo üvverzeuge.

Nie üvver Kölle schänge!

Et stemmp schon: Kölle es en enzije Baustell, off knüselich un dä Verkehr en enzije Katastrophe. Dat wesse de Kölsche och, ävver se däte et enem Imi nie erlaube, dat och esu ze sage. Wenn mer met enem Kölsche schwaad, dann es Kölle immer de schönste Stadt vun dä Welt.

Die „Zeichensprache" nicht können!

In allen Kölner Brauhäusern ist es so, dass man automatisch ein neues Kölsch bekommt, wenn das Glas leer ist. Wenn man genug hat, legt man einfach einen Bierdeckel oben auf das Glas, dann weiß der Köbes Bescheid.

Nie über Düsseldorf reden!

Düsseldorf ist und bleibt ein Reizthema in Köln – die Landeshauptstadt steht in Köln für Stromlinienförmigkeit, Arroganz und Fassade. Auch wenn das objektiv nicht unbedingt immer stimmt – versuchen Sie erst gar nicht, einen Kölner vom Gegenteil zu überzeugen.

Nie über Köln schimpfen!

Es stimmt schon: Köln ist eine einzige Baustelle, oft dreckig und der Verkehr eine einzige Katastrophe. Das wissen die Kölner auch, aber sie würden einem Neukölner nie erlauben, das auch so zu sagen. Wenn man mit einem Kölner redet, dann ist Köln immer die schönste Stadt der Welt.

Beim Schänge nit üvvertrieve!

De Kölsche sin manchmol ziemlich eijenartig... Et kütt janit esu selde vör, dat mer en dä Kneip foljende Bejrößung hürt: „Na, do Doof – wie jeht et?" „Jot, do Aaschloch! Un selvs?" Wat sich wie en Beleidijung anhürt, es üvverhaup keine – de zwei us dem Beispill sin de beste Fründe. Ävver, un dat es dä springende Punkt: „Doof" un „Aaschloch" sin kein Beleidijunge, weil et op Kölsch jesaat weed. Wenn ene Kölsche tatsächlich wödich es un et bös meint, sprich hä sujet Ähnliches wie Huhdeutsch, un dat huhdeutsche „Arschloch" es sehr wohl en Beleidijung. Janz jefährlich es en Kölle dat Woot „Drecksack" – dat jilt als tödlich.

Nie versöke, Kösch ze schwaade, wemmer et nit kann!

Kölle es en tolerante Stadt, en dä et ejal es, wo mer her kütt (et sei denn, mer es Düsseldorfer). Un et es och kei Problem, wenn mer sächselt, bayrisch kallt udder schwäbelt. Wat de Kölsche allerdings nit esu jot finge es, wenn ene Sachse, ene Bayer udder ene Schwobe versök, Kölsch ze schwaade – dat jilt als anbiedernd un peinlich.

Beim Schimpfen aufpassen!

Die Kölner sind manchmal ziemlich eigenartig ... Es kommt gar nicht so selten vor, dass man in der Kneipe folgende Begrüßung hört: „Na, du Doof, wie geht es?" „Gut, du Arschloch! Und selber?" Was sich wie eine Beleidigung anhört, ist überhaupt keine – die zwei aus dem Beispiel sind die besten Freunde. Aber, und das ist der springende Punkt „Doof" und „Arschloch" sind keine Beleidigungen, weil es auf Kölsch gesagt wird. Wenn ein Kölner tatsächlich so wütend ist und es böse meint, dann spricht er sogar Ähnliches wie Hochdeutsch, und das hochdeutsche „Arschloch" ist sehr wohl eine Beleidigung. Ganz gefährlich in Köln ist das Wort „Drecksack" – das gilt als tödlich.

Nie versuchen, Kölsch zu sprechen, wenn man es nicht kann!

Köln ist eine tolerante Stadt, in der es egal ist, wo man her kommt (es sei denn, man ist ein Düsseldorfer). Und es ist auch kein Problem, wenn man sächselt, bayrisch spricht oder schwäbelt. Was die Kölner allerdings nicht so gut finden ist, wenn ein Sachse, ein Bayer oder ein Schwabe versucht, Kölsch zu sprechen – das gilt als anbiedernd und peinlich.

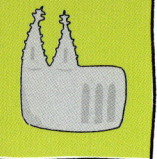

Kölle es nit nur Fasteleer!

Wenn ene Kölsche de Schnüss opmät, dann klingk dat zwar villeich wie Faste-
lovend, ävver dat heiß noch lange nit, dat deswäje en Kölle et janze Johr Karne-
val es. Maat nit dä Fähler, ene Kölsche nit esu richtig ähnz ze nemme, nur weil
hä villeich klingk wie dä ahle Millowitsch persönlich!

Köln nicht auf Karneval reduzieren!

Wenn ein Kölner den Mund aufmacht, klingt das vielleicht wie Karneval, aber das heißt noch lange nicht, dass deswegen in Köln das ganze Jahr Karneval ist. Machen Sie nie den Fehler, einen Kölner nicht so richtig ernst zu nehmen, nur weil er vielleicht klingt wie der alte Millowitsch persönlich!

Titel des E.G. Lüttgau Verlags

Dä kölsche Knigge
Wat jeht – un wat nit jeht!

180 Seiten, Format 15 x 15 cm,
Hardcover mit Leseband,
EUR 12,80
ISBN: 978-3-929721-14-0

Email: info@eg-luettgau-verlag.de
www.eg-luettgau-verlag.de

Wat jeht – un wat nit jeht!

Ist es denn die Möglichkeit?

Das sollst du nicht, das darfst du nicht,
gibt Ärger, blamierst du dich, geht gar nicht!
Neben den allgemeinen Umgangs- und Anstandsregeln
gibt es in Köln so manche Eigenart, die
der Düsseldorfer, der Imi, aber auch
der Kölner wissen sollte.

Woröm de Jungfrau ene Mann es!
Kölsche Fragen – Kölsche Antworten

140 Seiten, Format 15 x 15 cm,
Hardcover mit Leseband,
EUR 12,80
ISBN 978-3-929721-13-3

Email: info@eg-luettgau-verlag.de
www.eg-luettgau-verlag.de

Kölsche Fragen – Kölsche Antworten

Wat et nit all en Kölle jitt!

Warum etwas so ist, wie es ist,
wissen die Kölner oftmals selber nicht.
Wer es wissen und es vielleicht auch
weiter erzählen möchte, der hat mit
„Woröm de Jungfrau ene Mann es!"
eine umfassende und amüsante Lektüre.

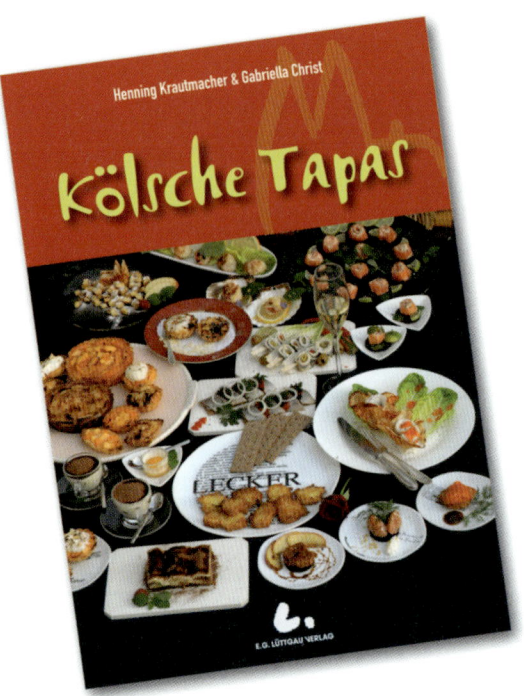

Kölsche Tapas
Kleine Leckereien nach „Kölscher Art"

192 Seiten, Format 11,3 x 16 cm,
Hardcover mit Leseband,
EUR 14,80
ISBN: 978-3-929721-11-9

Email: info@eg-luettgau-verlag.de
www.eg-luettgau-verlag.de
www.koelsche-tapas.de

Kölsche Tapas genießen,
heißt Lebensfreude wahrnehmen:
esse, schwade, laache, Spaß han!

Und das am besten mit vielen guten Freunden.
Verblüffende Rezeptkreationen
sowie Pikantes in neuen Variationen
mit kölscher Note werden Sie
und Ihre Gäste begeistern.

Kölsche Sushis
**Köstliche Kleinigkeiten: Fleisch, Fisch,
Gemüse und Süßes nach „Kölscher Art"**

200 Seiten, Format 11,3 x 16 cm,
Hardcover mit Leseband,
EUR 14,80
ISBN 978-3-929721-12-6

Email: info@eg-luettgau-verlag.de
www.eg-luettgau-verlag.de
www.koelsche-sushis.de

Sushi muss nicht zwangsläufig „roher Fisch" und „Seetang-Blätter" bedeuten – hier ist der Beweis: Kölsche Sushis!

Ein Höhepunkt fernöstlicher Esskultur gepaart mit vertrauter kölscher Deftigkeit.

Die unerwarteten Kombinationen und verblüffenden Rezeptkreationen führen Sie und Ihre Gäste in ein Reich der kulinarischen Sinne, das Augen und Gaumen immer wieder überrascht.

ケルンの寿司

Dom-Ausstechform

Dom-Ausstechform zum Ausstechen bei den „Kölschen Tapas"-Rezepten, wie „Knäcke-Dömche", „Kölsche Creme-Brüller", „LSD" oder „Panne-Dömche", und natürlich auch zum Ausstechen von Keksen zu verwenden.

Die original Dom-Ausstechform ist im Set mit dem Buch „Kölsche Tapas" erhältlich für insges. 19,90 EUR.

Dom-Ausstechform

Dom-Ausstechform zum Ausstechen bei den „Kölschen Sushis"-Rezepten und natürlich auch zum Ausstechen von Keksen zu verwenden.

Die original Dom-Ausstechform ist im Set mit dem Buch „Kölsche Sushis" erhältlich für insges. 19,90 EUR.

Kölsches Kochbuch
„Mir koche op Kölsch"

184 Seiten, Format 11,2 x 13 cm,
Hardcover,
EUR 8,50
ISBN 978-3-933070-88-3

Email: info@eg-luettgau-verlag.de
www.eg-luettgau-verlag.de

Schmeck dat dann?

Und ob das schmeckt, und es macht so richtig Spaß,
„op Kölsch zu koche".

Die kölsche Küche ist ehrlich, manchmal
deftig, aber ohne Schnörkel und oft mit einer
Prise Raffinesse.

Eins ist sie immer: „Lecker"!

Dat kölsche Kamasutra
„Maach' et mir op Kölsch"

124 Seiten, Format 11,2 x 13 cm,
Hardcover,
EUR 8,50
ISBN 978-3929721-08-9

Email: info@eg-luettgau-verlag.de
www.eg-luettgau-verlag.de

WORÖM DANN NIT?

Kennen Sie die „Heinzelmännchen-Stellung",
die „Dom-Stellung", die „Rusemondaach-Stellung",
die „Für-Lau-Stellung" oder haben Sie schon mal
den besonderen Reiz der „Scheuklappe-Stellung"
erleben dürfen? Nein? Dann kann das Kölsche
Kamasutra Ihnen eine Menge Anregungen und
Aufschlüsse geben.

Aber vor allem werden Sie mit
„Mach et mir op Kölsch" viel Spaß haben,
und das ist das Wichtigste.

Kölsche Bibel
"Mir bedde op Kölsch"

168 Seiten, Format 11,2 x 13 cm,
Hardcover,
EUR 8,50
ISBN 978-3-933070-60-9

Email: info@eg-luettgau-verlag.de
www.eg-luettgau-verlag.de

MING LEEV
HERRJÖTTCHE

Die „Kölsche Bibel" bietet allen Kölnern
(und nicht nur diesen!) die Möglichkeit, sich dem Buch der
Bücher einmal von einer anderen Seite zu nähern.

In einer Sprache, die bei aller Volkstümlichkeit weder platt
noch lächerlich wirkt, die durch die flotten Strichillustratio-
nen in ihrer Bildhaftigkeit noch unterstützt wird,
und die dem Leser „singe Herrgott" näher bringt.

Klassiker op Kölsch
Gedichte, Balladen und Zitate

144 Seiten, Format 11,2 x 13 cm,
Hardcover,
EUR 8,50
ISBN 978-3-939908-47-0

Email: info@eg-luettgau-verlag.de
www.eg-luettgau-verlag.de

Sein oder Nichtsein?

Kann es sein, dass die großen Werke deutscher Dichtkunst durch die „Kölsche Sproch" verunglimpft oder sogar ins Lächerliche gezogen werden?

Kölsch ist bildhafter emotionaler und bringt die Sache oft schnell auf den Punkt, wie z.B. bei dem Zitat: „Der Worte sind genug gewechselt. lasst mich auch endlich Taten sehen".
Op Kölsch: „Jenoch jeschwaad, dunn lever jet!"

Außerdem ist Kölsch sprachwissenschaftlich eine Sprache und kein Dialekt, und wer würde sich bei einer englischen oder französischen Übersetzung schon aufregen?

Somit stellt sich die Frage nicht wirklich.

Se sinn widder do!
Die Heinzelmännchen von Köln

128 Seiten, Format 11,2 x 13 cm,
Hardcover,
EUR 8,50
ISBN 978-3-933070-76-0

Email: info@eg-luettgau-verlag.de
www.eg-luettgau-verlag.de

Och dat noch!

Ob in Kalk oder Lindenthal, ob im Cabaret oder Domkapitel,
ob beim FC oder Hänneschen, ob im Karnevalsverein oder
Rat der Stadt Köln, beim Radio oder anderswo, die
Heinzelmännchen sind wieder da.

So sorgen die Heinzelmännchen von heute neben allerlei
Aufregung aber auch für eine gesellschaftliche Sichtweise
der „kleinen" Leute.